L'atelier d'Hugo Desnoyer

À mon fils Edgar

ISBN : 978-2-7540-5443-0

Achevé d'imprimer : septembre 2013
Dépôt légal : octobre 2013

Imprimé en Slovénie

Éditions First, un département d'Édi8
12, avenue d'Italie
75013 Paris – France
Tél : 01 44 16 09 00
Fax : 01 44 16 09 01
Site internet : www.editionsfirst.fr

L'atelier d'Hugo Desnoyer

Recettes et leçons de cuisine d'un boucher passionné

Préface : Christopher Thompson

Textes : Isabelle Dreyfus
Photographies : Denys Clément

FIRST
Editions

Sommaire

Hugo Desoyer

Préface

Quand je suis arrivé dans ce coin tranquille du XIVe arrondissement de Paris, je me suis demandé quel était cet attroupement. Pourquoi tant de gens faisaient-ils la queue devant cette boucherie de quartier ? La première fois, je me suis dit qu'un événement spécial avait attiré tout ce monde, et que je repasserais, un autre jour. Mais quand je suis revenu, il y avait toujours autant de monde, et, la fois d'après, aussi. Ils avaient l'air heureux d'être là, tous ces gens, satisfaits de prendre le temps sur leurs plannings chargés pour venir choisir leur viande chez Hugo Desnoyer. Mais que venaient-ils chercher exactement ? J'ai pris le temps, moi aussi. J'ai pénétré dans la boucherie d'Hugo et de son associée Chris et j'ai tout de suite découvert ce que beaucoup de monde semblait déjà savoir.

Hugo et Chris veillent, avec une passion pour leur métier, à l'exigence d'une qualité parfaite : la meilleure viande, préparée par les meilleurs bouchers, provenant des meilleures bêtes, élevées et nourries dans les règles de l'art et abattues dans des conditions irréprochables. Mais j'ai aussi très vite senti que ce lieu était le cœur battant du quartier, son centre nerveux, un lieu de rencontre et d'échange. Oui, il y avait bien quelque chose de plus. Quelque chose de précieux, d'infiniment séduisant et rassurant : une certaine forme d'amitié. Celle de transmettre le « plaisir de la bonne chère ».

Hugo aime dire qu'il n'a rien inventé, qu'il ne fait que son travail : perpétuer une tradition bouchère qui s'est peu à peu perdue. Il reste qu'il est un passeur. Il est de ceux qui font le lien, qui nous manque bien souvent à nous citadins, avec une terre, une tradition, un goût trop souvent négligés. Il est l'artisan indispensable d'un cercle vertueux qui part de l'éleveur pour arriver jusqu'au consommateur.

Aujourd'hui, au moment où il s'apprête à partir à la conquête de nouvelles frontières et à faire voyager à l'étranger cette tradition bouchère française qu'il incarne, Hugo nous livre ses nouvelles recettes comme un témoignage et une garantie qu'il restera proche de sa passion, de ses valeurs, et de nos assiettes !

Christopher Thompson

interview

Hugo Desnoyer, un boucher passionné

Quel est le concept de l'Atelier ?
Réunir dans un même endroit et un même lieu boucherie et restaurant, grâce au concept de la table d'hôte. Ceci nous permet d'être au cœur de la cuisine et de la boucherie en même temps.

Comment vous est venue l'idée ?
Et pourquoi ouvrir une seconde boucherie ?
Cet endroit permettait d'avoir un endroit spacieux et lumineux. Comme je fournissais les grands chefs qui raffolent de mes produits, j'ai voulu lancer le pari de faire de la restauration en direct, tout en restant simple.

Pourquoi avoir installé une table d'hôte ?
Pour la convivialité et l'échange.

Que vous apporte cette table d'hôte ?
Une reconnaissance accrue vis-à-vis de la clientèle et des produits proposés en boutique.

Que souhaitez-vous apporter à vos clients ?
La possibilité de se rencontrer et d'échanger autour de bons produits et de bons vins, car seule la relation humaine demeure importante.

Deux boucheries à gérer, avec les difficultés de recrutement, n'est-ce pas trop lourd ?
Non, car mes employés sont très bien traités (salaires, week-ends et congés).

Après le succès du premier livre, pourquoi se lancer dans une nouvelle aventure livresque ?
Pour le plaisir de pouvoir apporter un peu plus à nos très chers lecteurs, et de continuer l'aventure.

Comment voyez-vous votre avenir ? Quels sont vos projets ?
L'ouverture, en septembre 2014 à Tokyo, du même concept boucherie et restaurant. Nous voilà repartis pour de belles aventures !

Hugo Desnoyer
et son associée
Chris Mathieu.

L'agneau

Hugo Desnoyer

La viande d'agneau

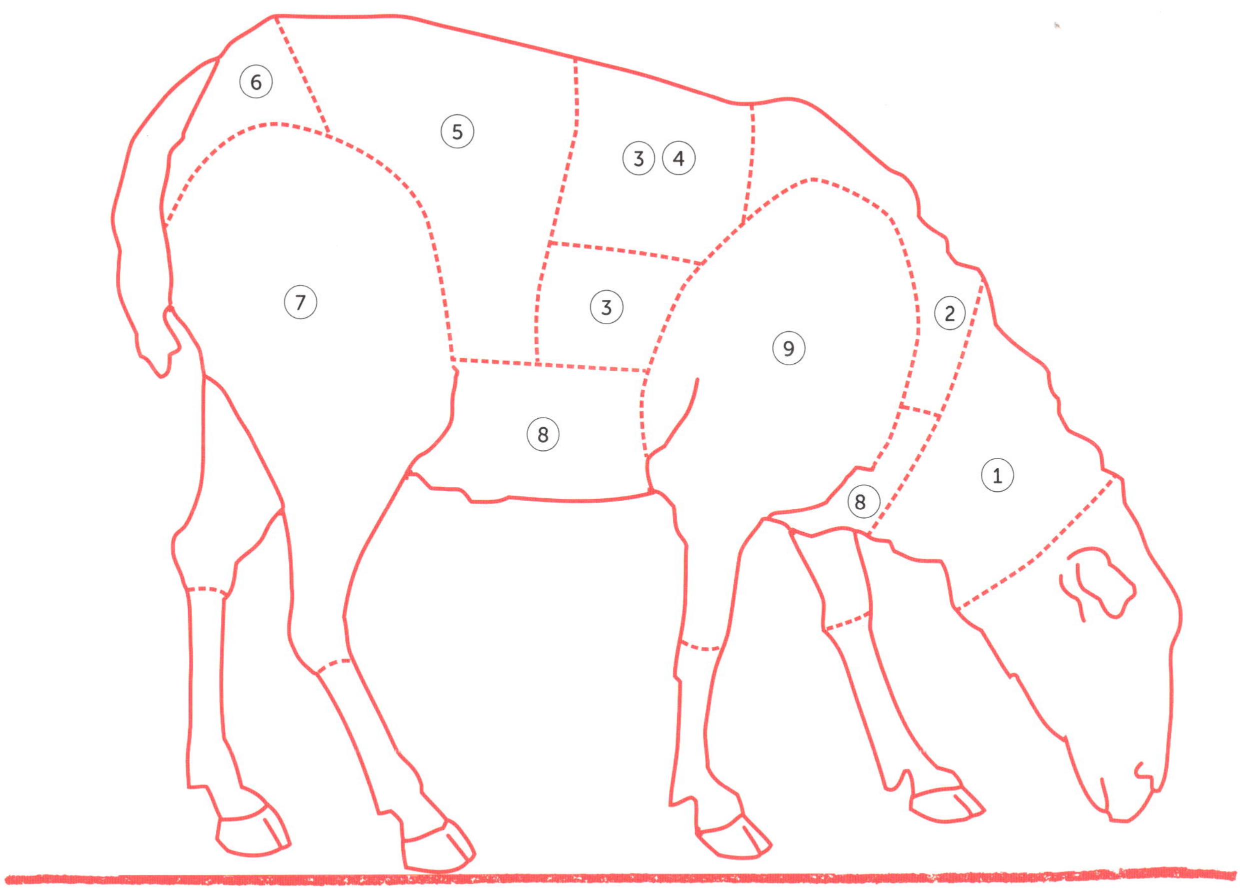

1 Collier
2 Côtes découvertes
3 Côtes premières
Côtes secondes

4 Carré
5 Côtes de filet
ou selle
6 Quasi ou selle

7 Gigot
et gigot raccourci
8 Poitrine
et plat de côtes

9 Épaule

Blanquette d'agneau

Un grand classique de la cuisine familiale, qu'il ne faut pas hésiter à revisiter avec de l'agneau.

préparation
15 minutes

cuisson
1 h 15

ingrédients
pour 4 personnes

- 800 g d'épaule d'agneau
- 2 carottes
- 1 oignon
- 2 clous de girofle
- 1 branche de thym
- 1 feuille de laurier
- 1 branche de romarin
- 1 bouillon cube de volaille
- le jus d'1 citron
- 40 g de beurre
- 2 cuillerées à soupe de farine
- 1 jaune d'œuf
- 2 grosses cuillerées à soupe de crème fraîche
- sel et poivre

1 Coupez la viande en gros cubes. Pelez et coupez les carottes en deux puis en grosses demi-rondelles. Épluchez l'oignon et piquez-le avec les clous de girofle.

2 Mettez la viande dans une cocotte avec le thym, le laurier, le romarin, l'oignon, les carottes, le bouillon cube, le jus de citron, du sel, du poivre, et couvrez le tout d'eau froide.

3 Faites cuire sur feu doux pendant 1 heure. Retirez la viande et les carottes de la cocotte. Jetez l'oignon, le thym, le laurier et le romarin. Gardez le bouillon.

4 Faites fondre le beurre dans une casserole puis ajoutez la farine. Remuez, puis versez peu à peu le bouillon de cuisson de la viande.

5 Mélangez le jaune d'œuf et la crème dans un bol, puis versez-le dans le bouillon. Ajoutez la viande et les carottes, puis laissez réchauffer à feu très doux, sans bouillir, pendant 10 minutes.

6 Servez bien chaud accompagné de riz blanc.

Boulettes à la grecque

Une assiette ensoleillée que viendra délicieusement rafraîchir la menthe !

préparation
30 minutes

cuisson
30 minutes

ingrédients
pour 4 personnes

- 100 g de riz
- 1 petit oignon
- 1 gousse d'ail
- 600 g d'agneau haché (épaule)
- 1 cuillerée à soupe de persil haché
- 1 cuillerée à soupe de menthe hachée
- 1 blanc d'œuf
- 1 cuillerée à soupe de farine
- 1 bouillon cube de poule
- 2 cuillerées à café de curcuma
- le jus d'1 citron
- sel et poivre

1 Faites cuire le riz d'après les indications du paquet. Égouttez-le et laissez-le refroidir.

2 Épluchez et hachez l'oignon très finement. Épluchez l'ail et hachez-le.

3 Mettez la viande dans un saladier, ajoutez le riz, le persil, la menthe, l'oignon, l'ail et le blanc d'œuf. Salez et poivrez. Mélangez longuement.

4 Façonnez 16 boulettes entre vos paumes humides. Appuyez bien pour en chasser l'air, puis farinez-les.

5 Faites chauffer 1 litre d'eau dans une sauteuse et ajoutez le bouillon cube, le curcuma et le jus de citron. Mélangez pour bien dissoudre le bouillon cube.

6 Plongez les boulettes dans la sauteuse et laissez cuire à feu doux de 15 à 20 minutes.

7 Servez les boulettes accompagnées de salade verte.

ATELIER

Le canon farci d'herbes et d'oignons

À VOUS DE JOUER !

1 Posez le canon sur le plan de travail et triez le persil.
2 Hachez finement les herbes, l'ail et l'oignon.
3 Recouvrez la panoufle du mélange herbes/ail/oignons.
4 Roulez la panoufle autour du filet.
5 Recouvrez le dessus du filet du mélange.
6 Recouvrez le canon de crépine.
7 Ficelez le canon.
8 Le canon est prêt à cuire.

1

2

3

4

5

6

7

8

Le canon
est prêt
à cuire

Canon farci d'herbes et d'oignons

Cette recette vous étonnera par la présence des herbes aussi bien à l'intérieur qu'à l'extérieur du canon.

préparation
25 minutes

cuisson
18 minutes

ingrédients
pour 4 personnes

- 1 gros bouquet de persil plat
- ½ bouquet de basilic
- 1 oignon
- 2 gousses d'ail
- 3 cuillerées à soupe d'huile d'olive
- 2 canons d'agneau
- 1 crépine
- sel et poivre

1 Préchauffez le four à 240 °C (th. 8).

2 Lavez et essorez le persil et le basilic ; hachez-les au couteau. Épluchez l'oignon et 1 gousse d'ail ; hachez-les finement également au couteau.

3 Mélangez les herbes, l'ail et l'oignon et hachez encore un peu. Mettez-les dans un bol, puis versez 1 cuillerée à soupe d'huile. Salez, poivrez et mélangez bien.

4 Posez les canons sur le plan de travail et farcissez l'intérieur du mélange aux herbes, puis mettez-en sur le dessus du filet.

5 Faites tremper la crépine dans de l'eau froide, puis égouttez-la. Entourez-en les canons.

6 Versez l'huile restante dans un plat allant au four avec la gousse d'ail restante coupée en deux. Posez les canons dans le plat et faites cuire au four pendant 18 minutes.

7 Servez bien chaud avec une poêlée de poireaux crayons.

ATELIER

Le canon roulé

LA PRÉPARATION DU BOUCHER

1 La selle entière prête à être découpée.

2 On dégraisse bien la selle et la panoufle.

3 On retire la peau de la selle.

4 On dégraisse sous la peau.

5 On dégraisse la panoufle.

6 On retire la peau de la panoufle.

7 On dégraisse et on retire les aponévroses.

8 On dégage et retire l'os central de la selle.

1

2

3

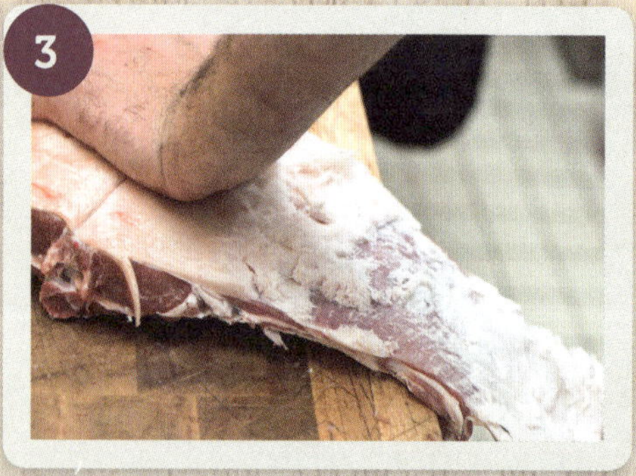

4

5

6

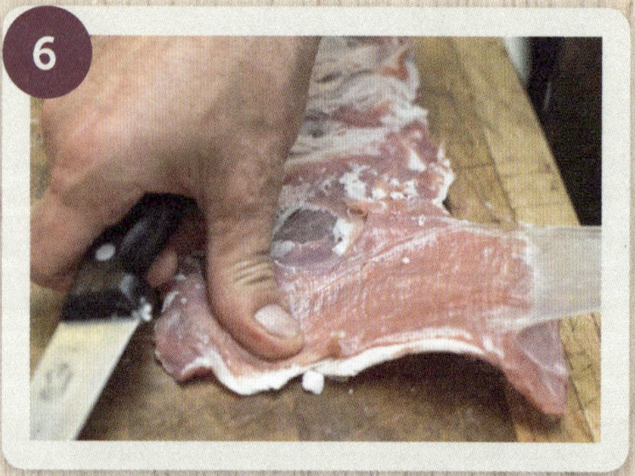

7

8

1

À VOUS DE JOUER !

1. Déposez du romarin sur la panoufle.
2. Roulez la panoufle vers le filet.
3. Ficelez le canon comme un rôti.
4. Piquez la ficelle qui entoure le canon de petits bouquets de romarin. Le canon est prêt à cuire.

2

3

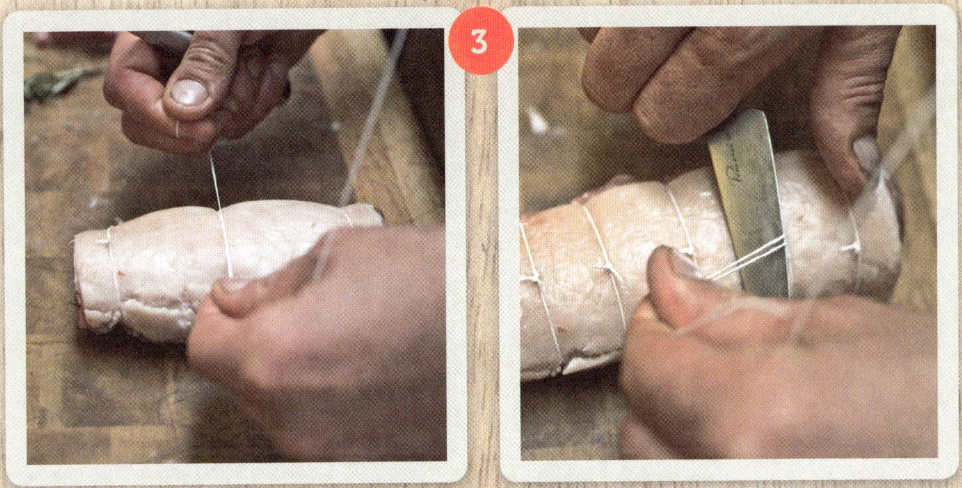

4

Canon roulé

Une recette aux accents provençaux, à déguster avec un verre de bandol.

préparation
25 minutes

cuisson
de 15 à 18 minutes

ingrédients
pour 4 personnes

- 4 branches de romarin
- 3 échalotes
- 2 canons
- 3 cuillerées à soupe d'huile
- 1 cuillerée à soupe de miel
- sel et poivre

1 Préchauffez le four à 240 °C (th. 8).

2 Effeuillez la moitié du romarin. Épluchez les échalotes et coupez-les en deux dans le sens de la longueur.

3 Posez les canons d'agneau sur le plan de travail, ouvrez-les en portefeuille et disposez à l'intérieur le romarin effeuillé, du sel et du poivre. Rabattez les bords et ficelez les canons comme des rôtis. Placez un brin de romarin sous chaque ficelle.

4 Versez l'huile et le miel dans un plat allant au four. Ajoutez les échalotes et le romarin restant, posez les canons dessus puis enfournez-les pour 15 minutes, ou 18 si vous aimez la viande plus cuite.

5 Servez dès la sortie du four avec des fagots de haricots verts ou des tomates provençales.

Carrés d'agneau piqués de romarin et d'ail

Si la Provence vous manque, n'hésitez pas à ajouter une branche de thym.

préparation
25 minutes

cuisson
de 15 à 20 minutes

ingrédients
pour 4 personnes

- 2 carrés d'agneau
- 8 gousses d'ail
- 1 gros bouquet de romarin
- 10 cl de vin blanc
- 1 cuillerée à soupe d'huile d'olive
- sel et poivre

1 Sortez les carrés d'agneau du réfrigérateur 2 heures avant de commencer la recette.

2 Préchauffez le four à 240 °C (th. 8).

3 Salez et poivrez bien les carrés. Épluchez les gousses d'ail et dégermez-les.

4 Dans un plat allant au four, faites un lit avec la moitié du romarin et la moitié des gousses d'ail. Couchez-y les carrés puis déposez dessus les gousses d'ail et le romarin restants. Ajoutez le vin blanc et l'huile d'olive.

5 Enfournez les carrés de 15 à 20 minutes selon la cuisson désirée. Retirez le romarin avant de servir.

ATELIER

Les carrés découverts Christophe Colomb

LA PRÉPARATION DU BOUCHER

1 On sépare les côtes découvertes des côtes premières.

2 On détalonne.

3 On manchonne les côtes.

4 On retire le périoste des os.

1

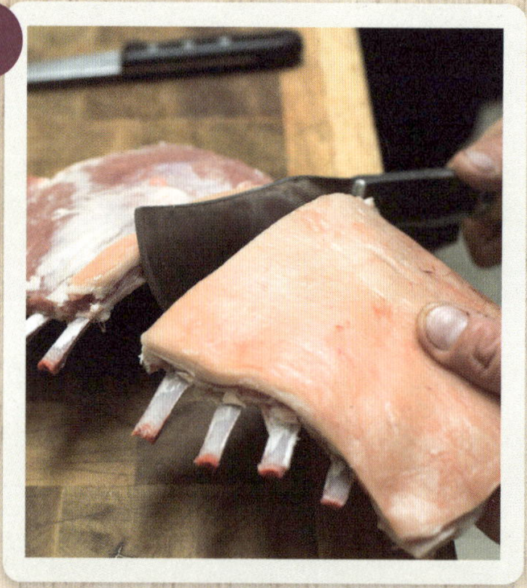

2

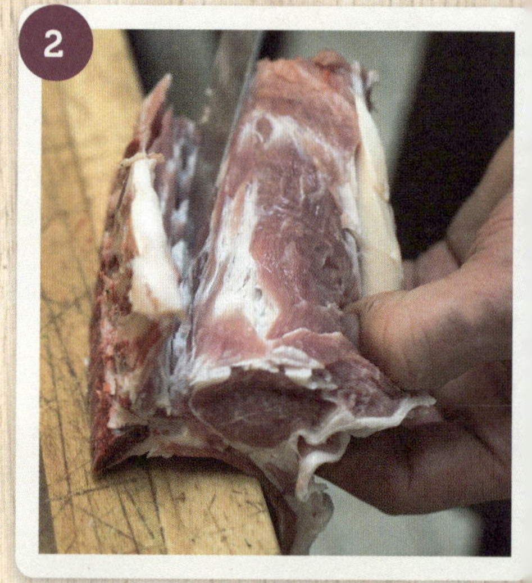

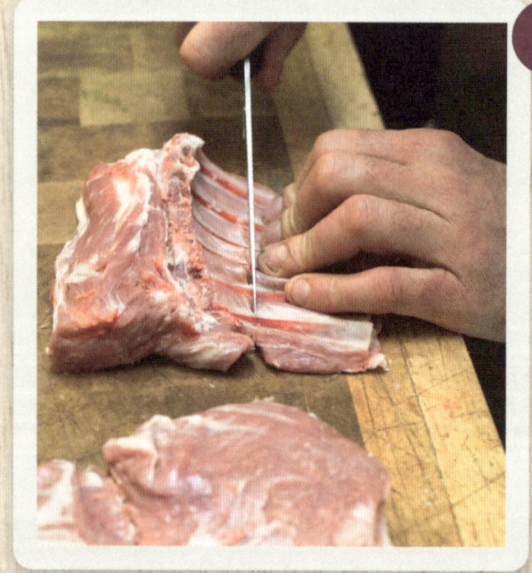

3

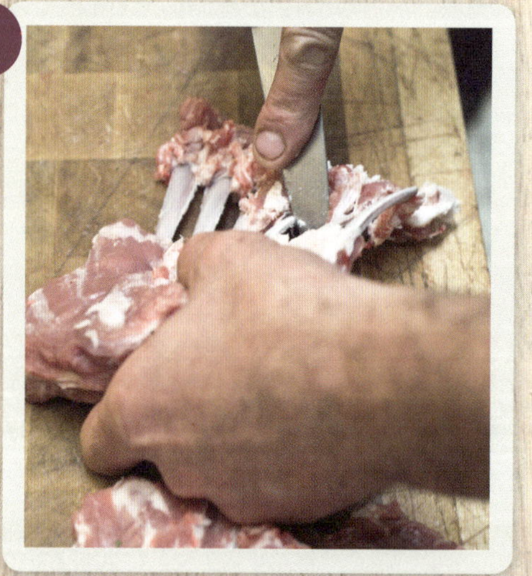

4

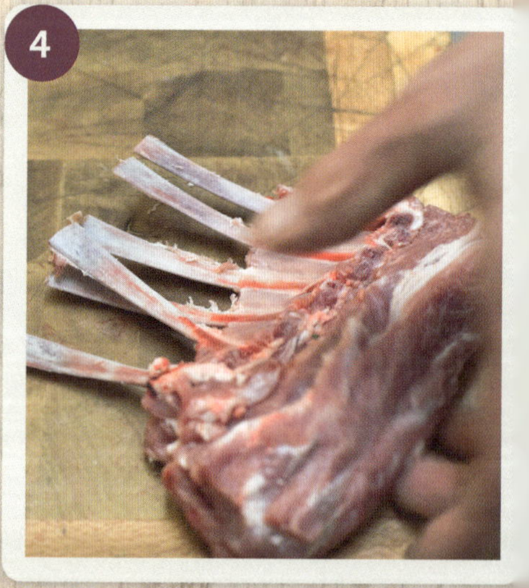

1

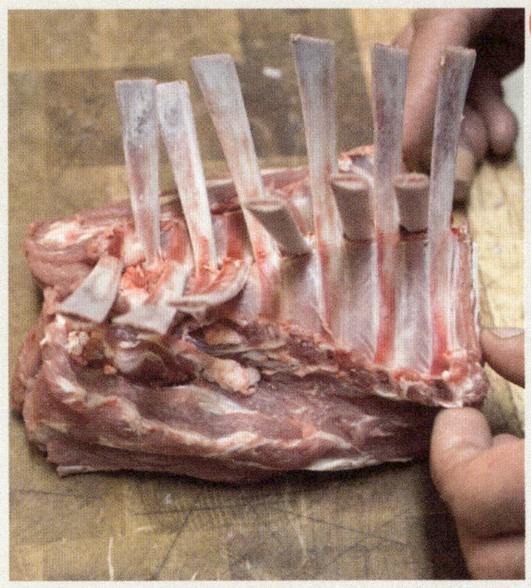

2

3

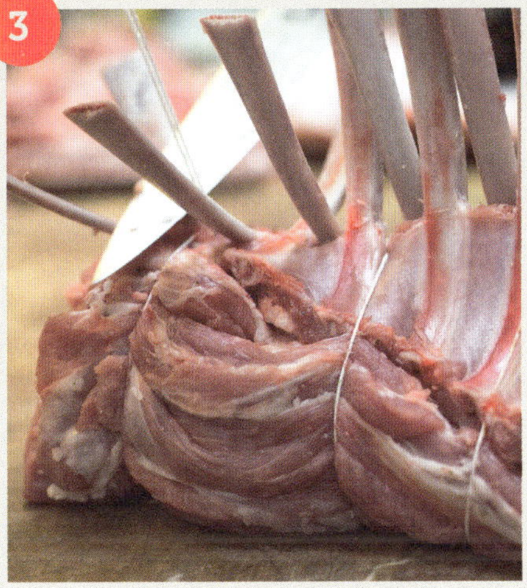

À VOUS DE JOUER !

1 Les deux carrés prêts à être croisés.

2 Croisez les deux carrés.

3 Ficelez les côtes ensemble.

4 Les carrés sont prêts à cuire.

4

Les carrés sont prêts à cuire

Carrés découverts Christophe Colomb

Christophe Colomb a découvert l'Amérique, découvrez les carrés d'agneau découverts !

préparation
10 minutes

cuisson
22 minutes

ingrédients
pour 4 personnes

- 2 carrés d'agneau découverts
- 2 cuillerées à soupe d'huile d'olive
- 2 têtes d'ail
- 15 cl de vin blanc
- 1 branche de thym
- 1 feuille de laurier
- sel et poivre

1 Sortez les carrés du réfrigérateur 2 heures avant commencer la recette.

2 Croisez les deux carrés et ficelez les côtes ensemble.

3 Préchauffez le four à 240 °C (th. 8).

4 Versez l'huile d'olive dans un plat allant au four et posez les carrés d'agneau dessus. Salez et poivrez.

5 Coupez les têtes d'ail en deux dans le sens de l'épaisseur et posez-les dans le plat avec la viande. Ajoutez le vin blanc, le thym et le laurier, puis faites cuire au four de 16 à 18 minutes selon la cuisson désirée.

6 Sortez le plat du four, mettez les carrés et les têtes d'ail sur un plat de service et couvrez de papier d'aluminium.

7 Versez le jus de cuisson dans une casserole et faites-le réduire pendant 5 minutes.

8 Servez les carrés accompagnés des têtes d'ail tranchées et du jus de cuisson réduit.

ATELIER

Le carré en croûte d'herbes

LA PRÉPARATION DU BOUCHER

1 On sépare le coffre à la feuille.
2 On sépare la poitrine du carré.
3 On détalonne.
4 On manchonne les côtes.
5 On retire la peau des côtes.
6 On retire une partie du gras.

1

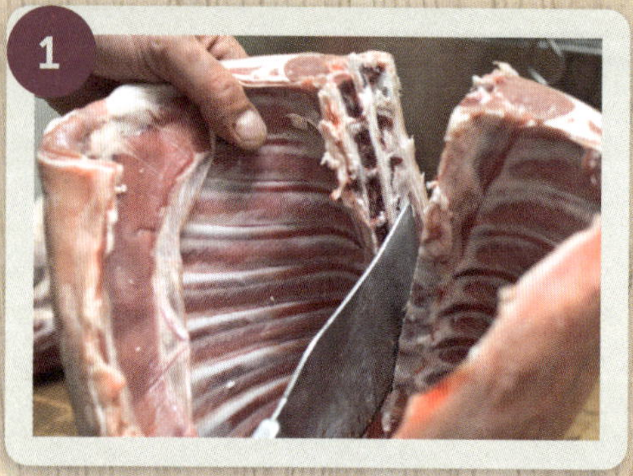

2

3

4

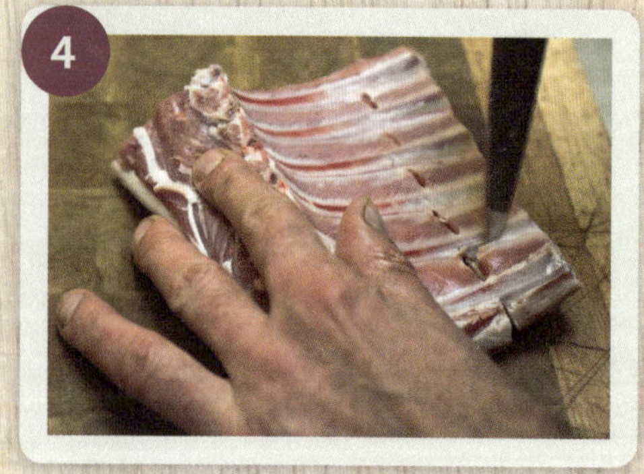

5

6

À VOUS DE JOUER !

1 Préparez la croûte avec de la chapelure, des herbes, du beurre, de l'oignon et de l'ail.

2 Couvrez le carré de croûte d'herbes.

3 Le carré est prêt à cuire.

1

2

3

Le carré est prêt à cuire

Carrés en croûte d'herbes

Soyez très délicat en coupant les côtes afin de garder le croquant de la croûte.

préparation
10 minutes

cuisson
18 minutes

ingrédients
pour 4 personnes

- 2 carrés d'agneau
- 150 g de beurre
- 1 oignon
- 1 gousse d'ail
- 1 bouquet de persil
- 10 cuillerées à soupe de chapelure
- 2 cuillerées à soupe d'huile d'olive
- sel, poivre

1 Sortez les carrés du réfrigérateur 2 heures avant de commencer la recette, et le beurre 30 minutes à l'avance afin qu'il se ramollisse.

2 Préchauffez le four à 240 °C (th. 8).

3 Épluchez puis hachez finement l'oignon et l'ail. Lavez le persil, essorez-le puis hachez-le finement.

4 Mettez l'ail, l'oignon, le persil et la chapelure dans un saladier. Salez, poivrez. Ajoutez 1 cuillerée à soupe d'huile puis le beurre ramolli. Malaxez tous les ingrédients afin de bien les incorporer les uns aux autres.

5 Couvrez le côté bombé des carrés avec la préparation en évitant les os. Appuyez bien pour faire adhérer la croûte d'herbes. Huilez un plat à four, posez-y les carrés et faites cuire pendant 18 minutes.

6 Servez aussitôt, accompagné de petites pommes de terre en robe des champs ou de haricots cocos.

Colliers à la crétoise

Un plat familial, économique, aux parfums de vacances. Une vraie découverte !

préparation
25 minutes

cuisson
50 minutes

ingrédients
pour 4 personnes

- 2 échalotes
- 4 tomates
- 4 pommes
- 2 cuillerées à soupe d'huile d'olive
- 4 belles tranches de collier d'agneau
- 2 gousses d'ail
- 2 feuilles de laurier
- 16 olives noires dénoyautées
- sel et poivre

1 Épluchez les échalotes et émincez-les. Ébouillantez les tomates, pelez-les et coupez-les en quatre. Retirez les pépins. Pelez les pommes et coupez-les en quartiers.

2 Faites chauffer l'huile dans une sauteuse, ajoutez les échalotes et remuez pendant 5 minutes. Ajoutez ensuite les morceaux de viande et faites revenir pendant 5 minutes en les tournant de temps en temps. Salez et poivrez. Ajoutez les gousses d'ail entières, les tomates, les quartiers de pomme et le laurier.

3 Couvrez la sauteuse et laissez cuire pendant 40 minutes sur feu modéré en retournant la viande plusieurs fois.

4 Cinq minutes avant la fin de cuisson, ajoutez les olives.

STAUB

ATELIER

L'épaule confite aux épices et patates douces

LA PRÉPARATION DU BOUCHER

1 Épaule nature en attente de préparation.
2 On dégraisse et on pare l'épaule.
3 On retire la peau de la souris.
4 On retire la peau sous l'aisselle.
5 On retire la palette.
6 On dégage l'humérus.
7 On retire l'humérus.
8 On coupe la tête d'os de la souris à la feuille.
9 On retire l'os de la tête de la souris.
10 L'épaule est prête à cuire.

1

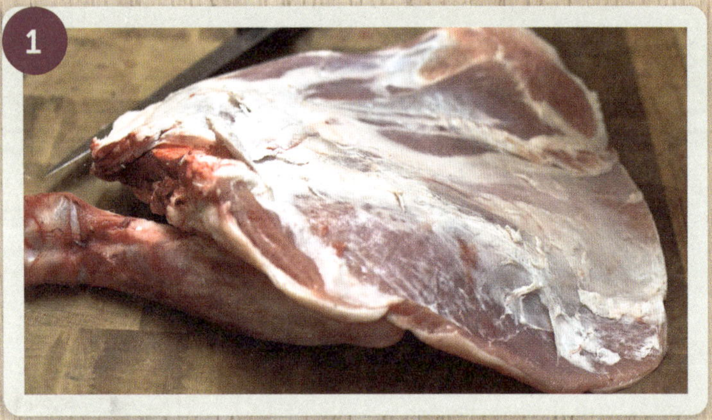

2

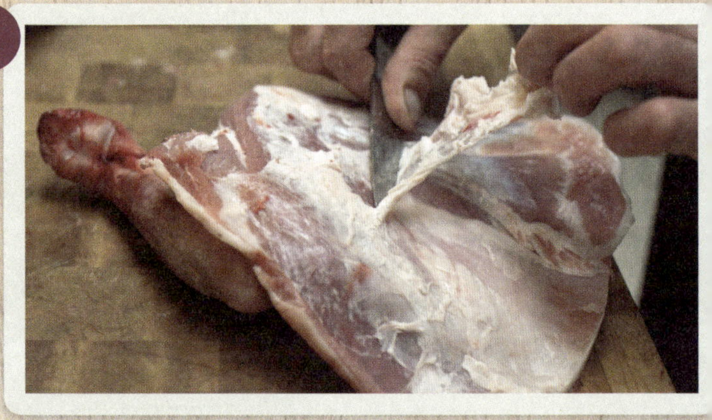

3

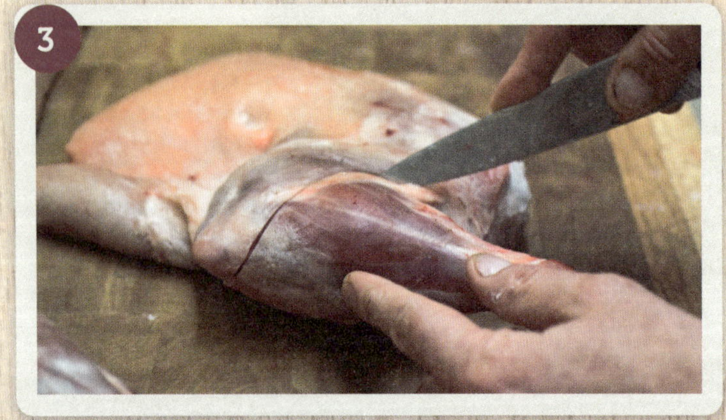

4

5

6

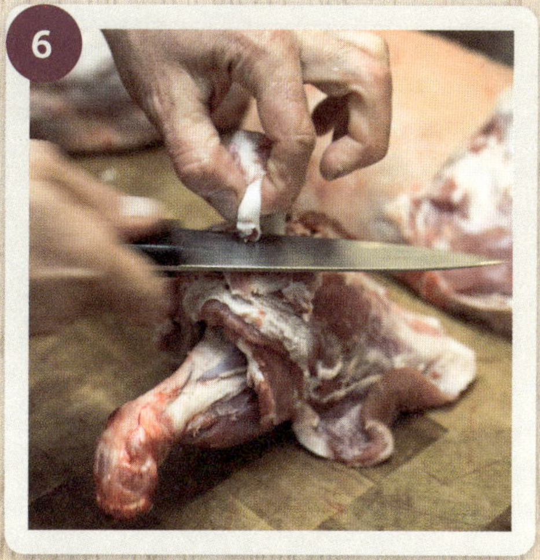

7

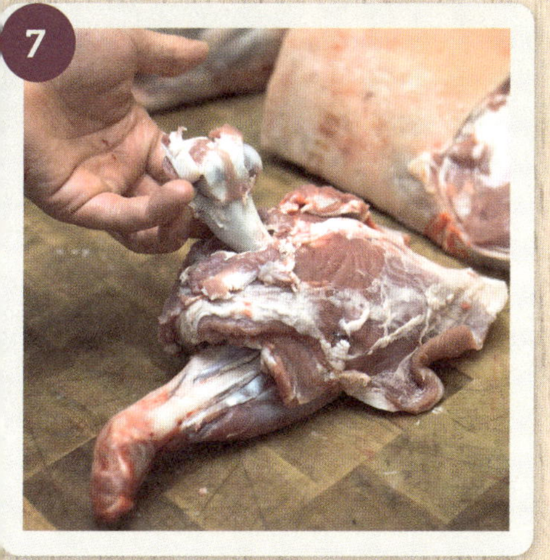

8

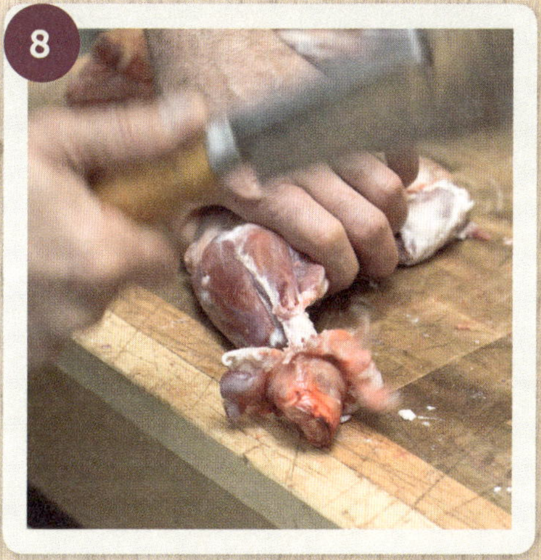

9

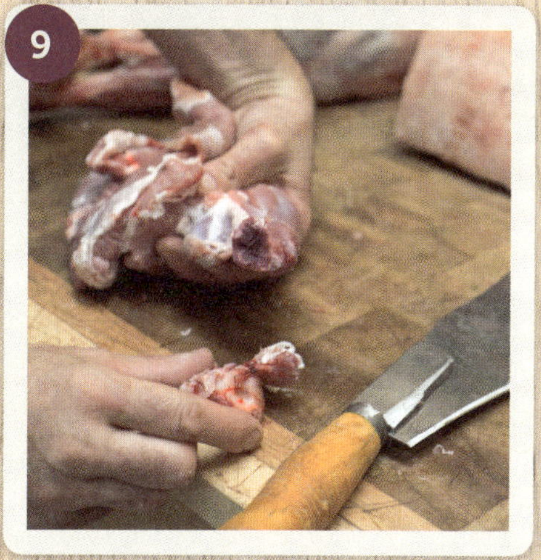

10

L'épaule est prête à cuire

Épaule confite aux épices et patates douces

Si vous souhaitez renforcer le côté exotique de ce plat, n'hésitez pas à mettre une cuillerée à soupe de curcuma.

préparation
20 minutes

cuisson
1 h 50

ingrédients
pour 4 personnes

- 1 cuillerée à café de gingembre moulu
- 1 cuillerée à café de coriandre moulue
- 1 cuillerée à café de cumin moulu
- 1 cuillerée à café de cumin en grains
- 3 cuillerées à soupe d'huile d'olive
- 1 cuillerée à soupe de vinaigre balsamique
- 2 patates douces
- 1 épaule d'agneau désossée
- 6 gousses d'ail
- sel et poivre

1 Mélangez toutes les épices dans un bol ainsi que du sel et du poivre. Ajoutez 1 cuillerée à soupe d'huile et le vinaigre balsamique.

2 Épluchez les patates douces et coupez-les en gros morceaux.

3 Préchauffez le four à 140 °C (th. 4-5).

4 Dans un plat allant au four, versez l'huile d'olive restante. Posez l'épaule debout dans le plat et badigeonnez-la généreusement d'épices des deux côtés à l'aide d'un pinceau. Couchez ensuite l'épaule dans le plat et ajoutez les gousses d'ail en chemise ainsi que les morceaux de patate douce.

5 Faites cuire l'épaule au four pendant 1 h 50. Arrosez-la de temps en temps de jus de cuisson.

6 Servez dès la sortie du four avec les patates douces.

Épigrammes farcis à l'olive verte

Grâce à sa farce, cette recette met en valeur ce morceau d'agneau, bien trop méconnu.

préparation
25 minutes

cuisson
15 minutes

ingrédients
pour 4 personnes

- 2 gousses d'ail
- 180 g d'olives vertes dénoyautées
- 30 g de pignons de pin
- 4 épigrammes
- 2 cuillerées à soupe d'huile d'olive
- sel et poivre

1 Épluchez et hachez très finement les gousses d'ail. Mixez les olives et les pignons afin de les réduire en purée un peu grossière. Mélangez le contenu du mixeur avec l'ail, du sel et du poivre.

2 Préchauffez le four à 240 °C (th. 8).

3 Posez deux épigrammes sur le plan de travail en les superposant un peu, afin d'obtenir un rectangle. Salez, poivrez puis badigeonnez-les avec la moitié de la tapenade. Roulez-les afin de former un gros boudin que vous ficelerez comme un rôti. Faites de même avec les deux autres épigrammes.

4 Versez l'huile dans un plat allant au four et posez les rôtis d'épigramme dessus. Enfournez pour 15 minutes.

5 Servez aussitôt, accompagné de poivrons rouges en dés sautés à l'huile d'olive.

ATELIER

Les épigrammes farcis aux merguez

LA PRÉPARATION DU BOUCHER

1 On dégraisse l'épigramme.

2 On enlève le gras du dessus.

3 On commence à retirer les os.

4 On retire l'aponévrose.

5 On finit de retirer les os.

6 On met 7 épigrammes côte à côte pour former un rectangle après les avoir aplatis..

1

2

3
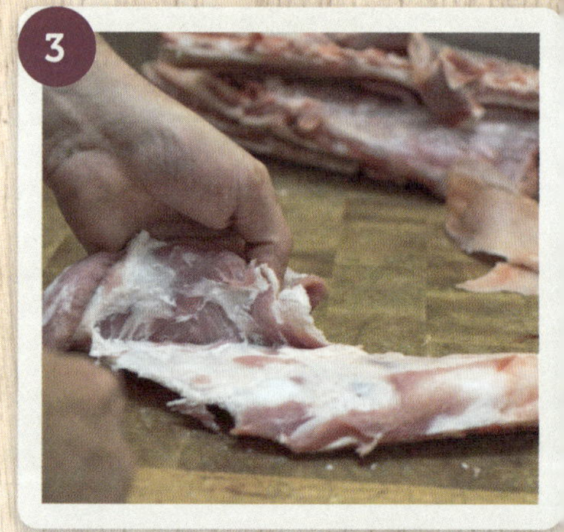

4

5
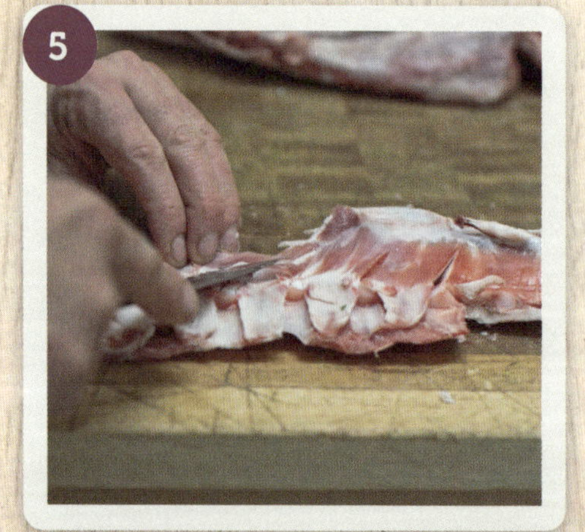

6

À VOUS DE JOUER !

1 Répartissez la farce aux merguez sur toute la surface.
2 Roulez les épigrammes en forme de rôti.
3 Posez des demi-tranches de tomates sur le dessus du « rôti » d'épigramme.
4 Entourez le rôti de crépine.
5 Ficelez le rôti. Il est prêt à cuire.

1

2

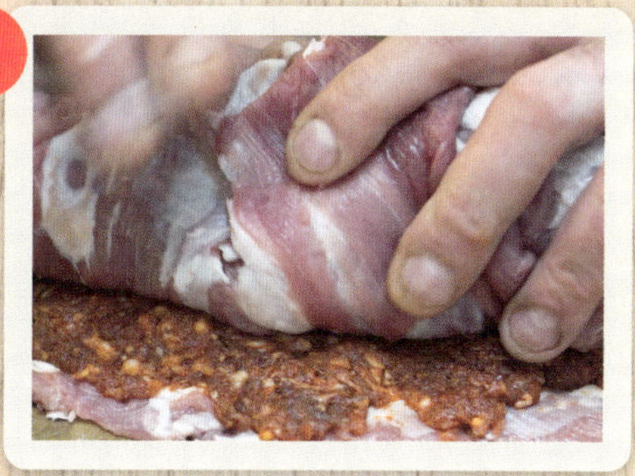

3

4

5

Épigrammes farcis aux merguez

Un plat aux accents du Maghreb que vous pouvez également accompagner de semoule.

préparation
30 minutes

cuisson
30 minutes

ingrédients
pour 4 personnes

- 7 épigrammes
- 6 merguez
- 4 gouttes de Tabasco®
- 1 cuillerée à café de ras al-hanout
- 1 tomate coupée en tranches
- 1 crépine
- 2 cuillerées à soupe d'huile d'olive
- 3 gousses d'ail
- sel et poivre

1 Préchauffez votre four à 240 °C (th. 8).

2 Étalez les épigrammes côte à côte sur le plan de travail en les faisant se chevaucher légèrement. Salez et poivrez.

3 Retirez la peau des merguez et mettez la chair dans un saladier avec le Tabasco® et le ras al-hanout. Mélangez bien.

4 Étalez la farce de merguez puis roulez la viande comme un rôti en la ficelant avec de la ficelle de cuisine.

5 Posez sur le dessus des tranches de tomate.

6 Faites tremper la crépine dans de l'eau pendant 5 minutes puis égouttez-la. Entourez le rôti de crépine sur tous les côtés. Posez-le dans un plat allant au four avec l'huile d'olive et l'ail en chemise.

7 Faites cuire le rôti farci de merguez pendant 30 minutes.

8 Servez accompagné d'une poêlée d'aubergines et de poivrons rouges.

Épigrammes marinés et grillés

Un plat typiquement estival très facile à réaliser ; mais attention à bien respecter le temps de la marinade, c'est elle qui fera toute la différence.

préparation
15 minutes

cuisson
environ 10 minutes

marinade
2 heures

ingrédients
pour 4 personnes

- 1 cuillerée à café de graines de coriandre
- 1 cuillerée à café de graines de fenouil
- 2 cuillerées à soupe d'huile d'olive
- le jus d'1 ½ citron
- ½ cuillerée de thym frais
- 1 pincée de piment d'Espelette
- 8 morceaux d'épigramme
- sel et poivre

1 Écrasez grossièrement les graines de coriandre et de fenouil au pilon. Mettez-les dans un grand plat creux. Ajoutez l'huile, le jus de citron, le thym, le piment d'Espelette, du sel et du poivre. Mélangez bien.

2 Ajoutez les épigrammes et tournez-les plusieurs fois afin qu'ils s'imbibent bien de marinade.

3 Laissez reposer à température ambiante pendant 2 heures en retournant les morceaux de viande plusieurs fois.

4 Piquez chaque épigramme avec deux brochettes en bois. Faites griller les brochettes, idéalement sur le barbecue, ou sinon sous le gril du four. Le feu doit être assez fort pour bien saisir la viande, qui ne cuit pas longtemps.

5 Servez accompagné d'une ratatouille maison.

Gigot et légumes rôtis

Le mariage du miel et de la moutarde donnera à votre gigot une belle couleur caramel.

préparation
20 minutes

cuisson
1 h 10

ingrédients
pour 4 à 6 personnes

- 1 grosse cuillerée de moutarde
- 1 grosse cuillerée de miel liquide
- 3 cuillerées à soupe d'huile d'olive
- 1 petit gigot
- 4 carottes (noires de préférence)
- 1 petit céleri-rave
- 1 patate douce
- 2 cœurs de céleri-branche
- sel et poivre

1 Préchauffez le four à 150 °C (th. 5).

2 Mélangez la moutarde, le miel et 1 cuillerée à soupe d'huile d'olive dans un bol. Salez et poivrez généreusement. Badigeonnez le gigot de ce mélange.

3 Versez l'huile restante dans un grand plat allant au four, déposez-y le gigot et faites-le cuire pendant 1 h 10.

4 Pelez les carottes, le céleri-rave et la patate douce. Coupez les carottes en deux, le céleri-rave et la patate douce en quatre. Lavez les cœurs de céleri-branche et faites-les blanchir dans une casserole d'eau bouillante salée pendant 10 minutes.

5 Au bout de 30 minutes de cuisson du gigot, ajoutez les légumes et couvrez le plat de papier d'aluminium.

6 Dix minutes avant la fin de cuisson, retirez le papier d'aluminium et augmentez la température du four à 240 °C (th. 8).

7 Disposez le gigot et les légumes sur un plat de service. Déglacez le plat de cuisson avec 2 cuillerées à soupe d'eau, grattez bien les sucs puis versez dans une saucière.

8 Servez aussitôt.

Haché d'agneau à la menthe

Il est important que la viande soit de première fraîcheur : exigez de votre boucher qu'il la hache devant vous.

préparation
15 minutes

cuisson
15 minutes

repos
30 minutes

ingrédients

pour 4 personnes

- 20 feuilles de menthe
- 700 g d'agneau haché (moitié poitrine désossée, moitié épaule)
- 80 g de pignon de pin
- 1 cuillerée à café de cumin moulu
- 4 cuillerées à soupe d'huile
- sel et poivre

1 Ciselez très finement la menthe.

2 Mettez la viande hachée dans un saladier, ajoutez les feuilles de menthe ciselées, les pignons, le cumin, 2 cuillerées à soupe d'huile, du sel et du poivre et mélangez bien.

3 Façonnez des boulettes entre vos paumes humides en appuyant bien pour chasser l'air. Laissez reposer pendant 30 minutes.

4 Chauffez l'huile restante dans une poêle et faites-y revenir les boulettes pendant 15 minutes à feu moyen, en les retournant de temps en temps.

5 Servez les boulettes avec une sauce tomate maison.

ATELIER

Le gigot en trois parties : souris, selle et tajine aux dattes

LA PRÉPARATION DU BOUCHER

1 L'arrière de l'agneau avec les deux gigots.

2 On sépare les gigots.

3 On retire l'aponévrose.

4 On coupe l'os du gigot et on dénude la souris.

5 On commence à détacher la souris du gigot.

6 On détache la souris.

7 On coupe la selle d'agneau.

8 La selle est détachée.

9 La souris, la selle et le corps du gigot sont prêts à cuire.

1

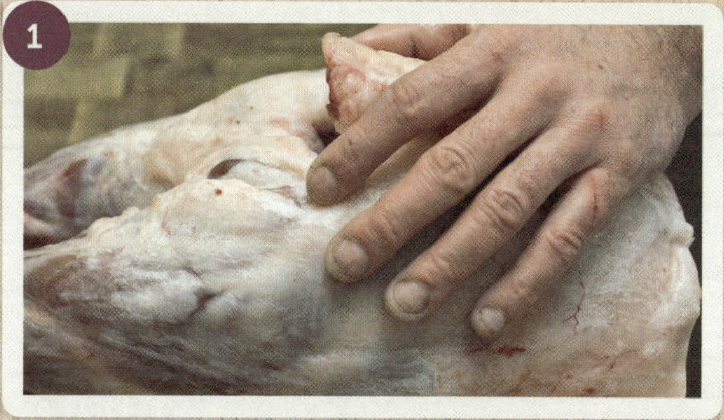

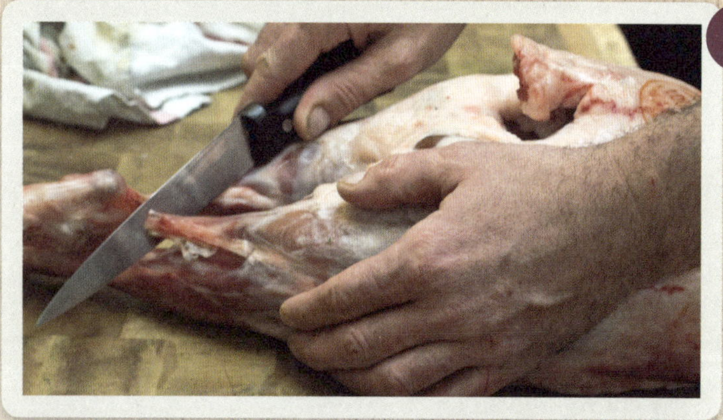

2

3

4

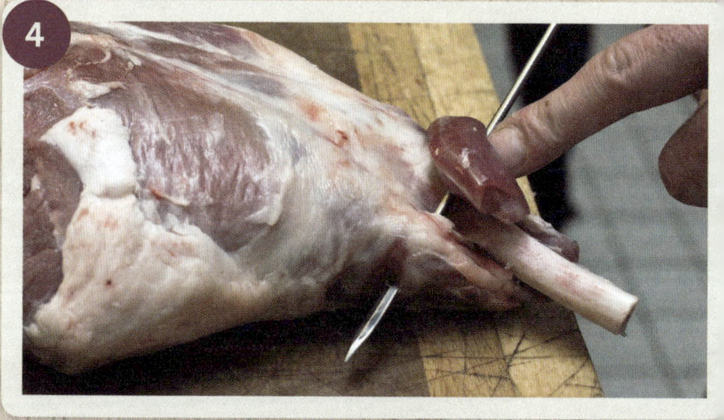

5

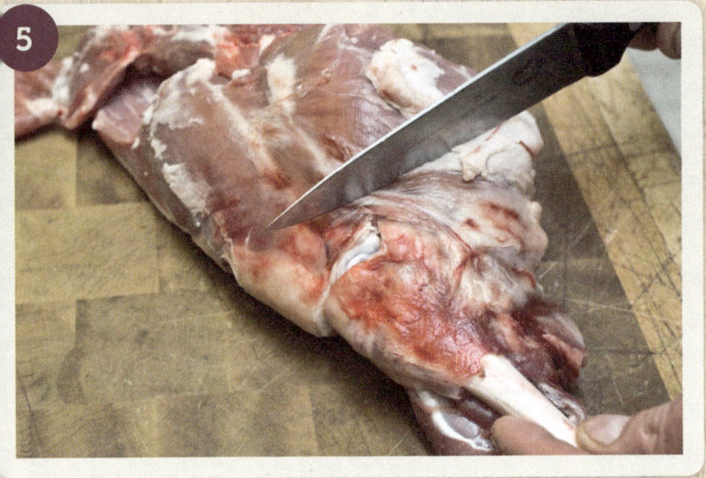

6

7

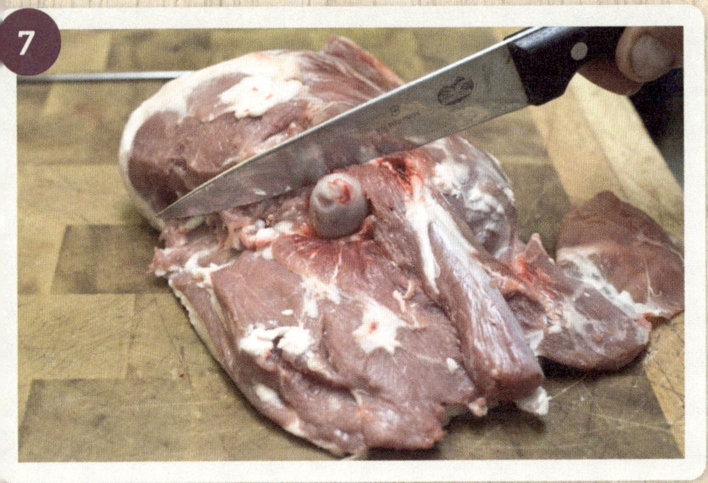

8

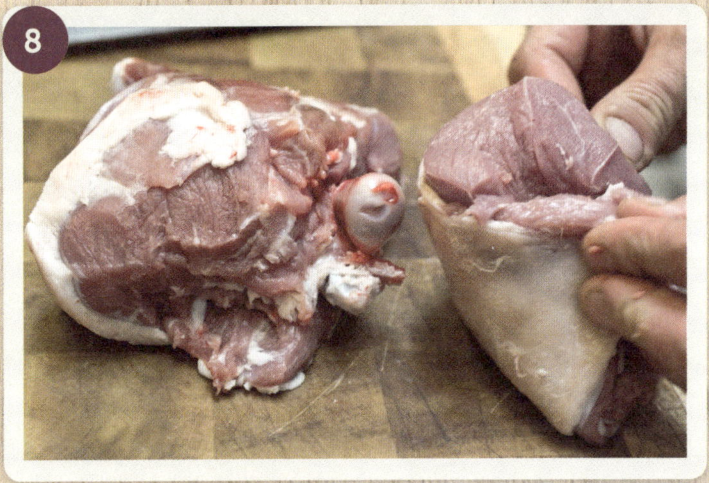

9

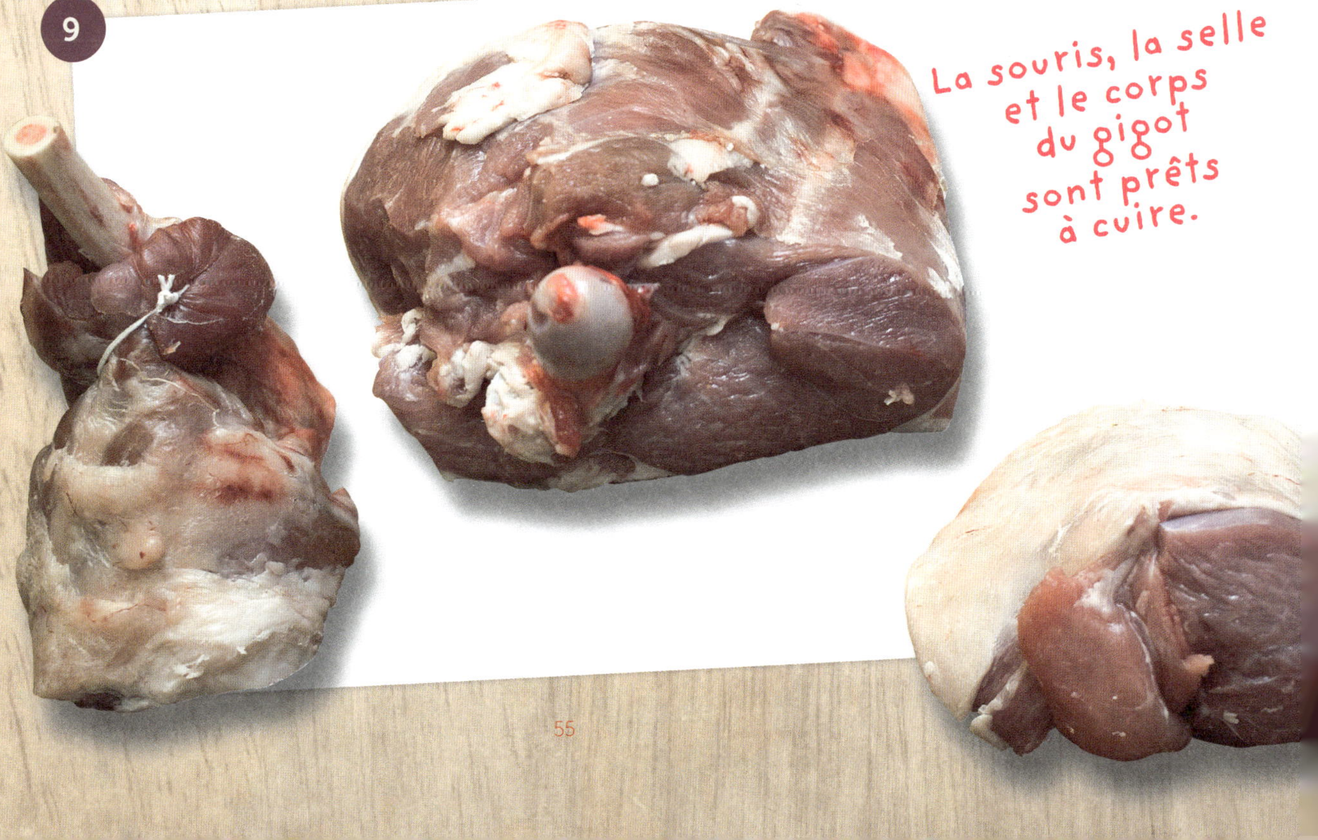

La souris, la selle et le corps du gigot sont prêts à cuire.

Selles farcies au pistou

Si le temps vous manque, cette recette peut être réalisée avec un pistou tout prêt.

préparation
25 minutes

cuisson
20 minutes

ingrédients
pour 4 personnes

- 30 feuilles de basilic
- 2 gousses d'ail
- 2 cuillerées à soupe de pignons de pin
- 1 anchois
- 2 cuillerées à soupe d'huile d'olive
- 2 selles d'agneau désossées
- sel et poivre

1 Lavez les feuilles de basilic, puis essorez-les. Épluchez l'ail et hachez-le grossièrement.

2 Mixez longuement le basilic, l'ail, les pignons, l'anchois et 1 cuillerée à soupe d'huile d'obtenir une purée fine.

3 Fendez un peu les selles afin de bien les farcir. Salez et poivrez l'intérieur et l'extérieur. Badigeonnez de pistou l'intérieur des selles à l'aide d'une petite cuillère. Ficelez la viande comme un rôti avec de la ficelle de cuisine.

4 Préchauffez le four à 240 °C (th. 8) pendant 15 minutes.

5 Versez l'huile restante dans un plat allant au four, posez les selles dessus et faites-les cuire pendant 20 minutes environ suivant la cuisson désirée.

6 Servez les selles coupées en rondelles et accompagnées de fèves sautées à l'huile d'olive.

Souris confites au bouillon

Si vous avez du temps, n'hésitez pas à préparer vous-même votre bouillon, la souris n'en sera que meilleure.

préparation
15 minutes

cuisson
1 h 40

ingrédients
pour 4 personnes

- 4 souris d'agneau
- 3 cuillerées à soupe d'huile d'olive
- 25 cl de bouillon de légumes
- 8 gousses d'ail
- 1 gros oignon
- 1 cuillerée à soupe de concentré de tomate
- 600 g de haricots blancs frais écossés (mojettes par exemple)
- sel et poivre

1 Faites revenir les souris d'agneau dans une cocotte avec 2 cuillerées à soupe d'huile pendant environ 10 minutes à feu vif.

2 Ajoutez le bouillon de légumes et l'ail en chemise, salez et poivrez. Baissez le feu, couvrez la cocotte et laissez cuire pendant 1 heure.

3 Pendant ce temps, préparez les haricots. Épluchez et hachez finement l'oignon et faites-le revenir dans une sauteuse avec l'huile restante. Ajoutez le concentré de tomate, les haricots, couvrez d'eau, salez, poivrez et laissez cuire pendant 30 minutes à feu moyen et à découvert. Si le liquide s'évapore trop vite, baissez un peu le feu.

4 Servez les souris d'agneau accompagnées d'ail en chemise et de haricots à la tomate.

Tajine aux dattes

Un plat à réserver à des papilles friandes de saveurs sucrées.

préparation
15 minutes

cuisson
1 h 5

ingrédients
pour 4 personnes

- 800 g de gigot
- 1 gros oignon
- 2 cuillerées à soupe d'huile d'olive
- 1 grosse pincée de cannelle
- 1 dosette de safran
- 1 cuillerée à café de gingembre en poudre
- 2 clous de girofle
- 20 dattes
- 2 cuillerées à soupe d'amandes mondées
- sel et poivre

1 Coupez la viande en cubes. Épluchez et coupez l'oignon en demi-rondelles.

2 Mettez l'huile dans une cocotte et faites-y revenir l'oignon pendant 5 minutes à feu moyen en remuant, puis ajoutez les cubes de viande et faites-les revenir également pendant 5 minutes. Ajoutez toutes les épices dans la cocotte, tournez bien, salez et poivrez, puis couvrez la viande d'eau et laissez cuire à feu doux pendant 30 minutes ; ajoutez les dattes et les amandes, puis poursuivez la cuisson pendant encore 25 minutes.

3 Servez accompagné de semoule de coucous au beurre.

Tajine aux olives, fenouil et citron confit

Si vous possédez un tajine, n'hésitez pas à remiser votre cocotte et à utiliser ce plat marocain.

préparation
20 minutes

cuisson
1 h 10

ingrédients
pour 4 personnes

- 2 gros oignons
- 1 gousse d'ail
- 3 cuillerées à soupe d'huile
- 8 morceaux de collier d'agneau
- 1 cuillerée à café de gingembre en poudre
- 1 ½ cuillerée à café de curcuma
- 1 pincée de coriandre en poudre
- 2 fenouils
- 24 olives vertes
- 1 citron confit
- sel et poivre

1 Épluchez les oignons et l'ail, coupez les oignons en demi-rondelles, hachez l'ail.

2 Mettez l'huile dans une cocotte et faites-y revenir les oignons pendant 10 minutes à feu doux, en remuant régulièrement. Deux minutes avant la fin de la cuisson, ajoutez l'ail. Retirez les oignons et faites revenir les morceaux de collier pendant 10 minutes.

3 Remettez les oignons dans la cocotte avec le gingembre, le curcuma, la coriandre, du sel et du poivre. Mélangez bien puis ajoutez de l'eau pour recouvrir la viande et laissez cuire pendant 50 minutes.

4 Nettoyez les fenouils et coupez-les en quatre. Vingt minutes avant la fin de la cuisson, ajoutez dans la cocotte le fenouil, les olives et le citron confit coupé en dés.

5 Servez bien chaud accompagné de semoule aux raisins secs.

Le bœuf

La viande de bœuf

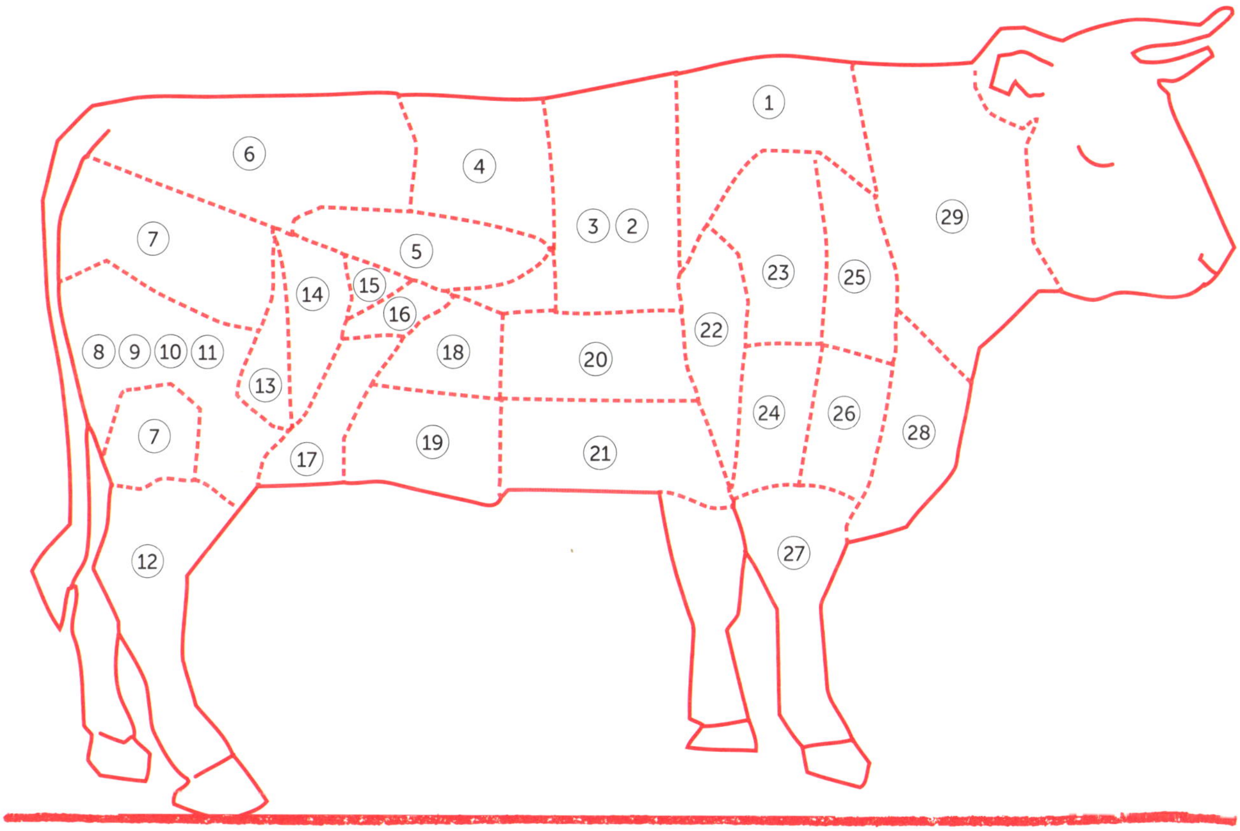

1 Basses côtes, entrecôtes découvertes
2 Côtes, entrecôtes
3 Entrecôtes
4 Faux-filet
5 Filet
6 Rumsteck
7 Gîte à la noix
8 Tranche
9 Merlan
10 Poire
11 Araignée
12 Gîte arrière
13 Tranche grasse
14 Aiguillette baronne
15 Onglet
16 Hampe
17 Bavette
18 Bavette à pot-au-feu
19 Flanchet
20 Plat de côtes
21 Tendron
22 Macreuse à bifteck
23 Macreuse
24 Macreuse à pot-au-feu
25 Jumeau à bifteck
26 Jumeau à pot-au-feu
27 Gîte avant
28 Poitrine
29 Collier

Bœuf mode lardé

Le pied de veau donne beaucoup de moelleux et de liant à la sauce.

préparation
30 minutes

cuisson
2 h 35

marinade
2 heures

ingrédients
pour 4 personnes

- 1 gousse d'ail
- 2 oignons
- 1 kg de basse côte de bœuf lardée de couenne
- 50 cl de vin rouge
- 2 cuillerées à soupe d'huile d'olive
- 2 branches de thym
- 1 feuille de laurier
- 1 cuillerée à soupe de concentré de tomate
- 1 bouillon cube de bœuf
- 1 pied de veau
- 1 kg de carottes
- sel et poivre

1 Épluchez et émincez l'ail et l'oignon. Disposez-les dans un plat creux avec la basse côte de bœuf. Versez le vin et laissez mariner pendant 2 heures à température ambiante.

2 Égouttez la viande et réservez la marinade. Faites chauffer l'huile dans une cocotte en fonte et faites-y revenir la viande des deux côtés pendant 8 minutes environ. Versez la marinade, ajoutez le thym, le laurier, le concentré de tomate, les tablettes de bouillon, 1 litre d'eau, du sel et du poivre. Portez à ébullition et laissez cuire à feu très doux pendant 2 heures.

3 Faites blanchir le pied de veau coupé en deux pendant 25 minutes puis ajoutez-le dans la cocotte.

4 Pelez les carottes, coupez-les en deux dans le sens de la longueur puis en gros tronçons et ajoutez-les dans la cocotte après 1 heure de cuisson.

5 À la fin de la cuisson, retirez le pied de veau et coupez-le en dés. Disposez la viande tranchée dans un plat de service entourée de carottes et de dés de pied de veau.

6 Arrosez de sauce et servez sans attendre.

Daube de paleron au vin blanc et au citron

Le vin blanc et les olives apportent une jolie acidité à cette daube peu classique.

préparation
20 minutes

cuisson
1 h 45

ingrédients
pour 4 personnes

- 800 g de paleron de bœuf
- 2 grosses échalotes (ou 4 petites)
- 2 cuillerées à soupe d'huile d'olive
- 1 petite cuillerée à soupe de farine
- 50 cl de vin blanc sec
- 1 branche de thym
- 1 feuille de laurier
- 2 clous de girofle
- 24 olives vertes dénoyautées
- 1 gros citron confit
- sel et poivre

1 Coupez la viande en gros cubes. Épluchez et hachez finement les échalotes.

2 Chauffez 1 cuillerée à soupe d'huile dans une cocotte en fonte et faites-y revenir la viande en la retournant pendant 10 minutes. Retirez-la de la cocotte, ajoutez l'huile restante et les échalotes et faites-les revenir en tournant souvent pendant 5 minutes.

3 Remettez la viande dans la cocotte et saupoudrez-la de farine. Mélangez bien avant d'ajouter le vin blanc, le thym, le laurier, les clous de girofle, un peu de sel et du poivre, et laissez cuire à couvert pendant 1 heure à feu doux.

4 Ajoutez les olives ainsi que le citron confit coupé en petits carrés, et poursuivez la cuisson pendant 30 minutes.

5 Servez bien chaud accompagné de pâtes au safran.

Entrecôte bordelaise, sauce bordelaise

Un grand classique de la cuisine française qui régalera vos convives. Un succès toujours assuré !

préparation
15 minutes

cuisson
40 minutes

ingrédients
pour 4 personnes

- 2 échalotes
- 50 g de beurre demi-sel
- 20 cl de vin rouge
- 1 branche de thym
- 20 cl de fond de veau
- 2 entrecôtes bordelaises ou bien 4 petites
- sel et poivre

1 Épluchez et hachez les échalotes. Faites-les revenir à la poêle dans 10 g de beurre sans les laisser se colorer. Remettez le reste du beurre au réfrigérateur. Versez le vin rouge, ajoutez le thym et faites-le réduire de moitié à feu vif avant d'ajouter le fond de veau.

2 Laissez le fond de veau cuire pendant 15 minutes à feu doux à moyen, puis filtrez la sauce. Salez et poivrez, remettez-la dans la casserole et réchauffez-la.

3 Incorporez à la sauce chaude le beurre restant bien froid coupé en petits morceaux en fouettant sans arrêt, puis réservez au chaud.

4 Faites cuire les entrecôtes dans une poêle sèche. Le temps de cuisson dépend du goût de chacun.

5 Servez les entrecôtes avec la sauce bordelaise et des pommes dauphine ou des frites maison.

Filet à la ficelle avec crème d'anchois

À réaliser au printemps pour profiter de toute la saveur des légumes nouveaux et des herbes.

préparation
25 minutes

cuisson
25 minutes

ingrédients
pour 4 personnes

- 8 petites carottes
- 4 petits navets
- 8 petits oignons nouveaux
- 4 branches de céleri
- 1 gousse d'ail
- 1 bâton de citronnelle
- 2 brins de persil
- 2 brins de cerfeuil
- 2 brins de coriandre
- 800 g de filet de bœuf
- 2 cuillerées à soupe de crème d'anchois
- sel et poivre

1 Pelez les carottes et les navets en leur laissant un bout de queue. Nettoyez les oignons en leur laissant de 5 à 6 cm de queue verte. Lavez et coupez les branches de céleri en 4 ou 5 morceaux. Épluchez l'ail et coupez-le en quatre. Coupez la tige de citronnelle en tronçons.

2 Mettez tous les légumes dans une casserole, versez 75 cl d'eau, ajoutez les herbes, du sel et du poivre. Portez à ébullition puis laissez cuire pendant 15 minutes à feu moyen.

3 Ficelez le filet de bœuf en laissant une boucle dépasser sur le dessus. Passez le manche d'une cuillère en bois dans la boucle, trempez le filet dans le bouillon en posant les deux extrémités de la cuillère sur le bord de la casserole, puis laissez cuire pendant 10 minutes.

4 Servez le filet de bœuf coupé en tranches, accompagné des légumes du bouillon et de crème d'anchois.

Filet au poivre

Viande de premier choix, le filet de bœuf est un peu onéreux mais d'une tendreté et d'une finesse remarquables.

préparation
5 minutes

cuisson
15 minutes

ingrédients
pour 4 personnes

- 1 cuillerée à soupe d'huile d'arachide
- 2 cuillerées à soupe de poivre mignonnette
- 4 pavés de filet de bœuf
- 50 g de beurre demi-sel
- 1 petit verre de cognac
- 1 cuillerée à soupe de moutarde forte
- 20 cl de crème fraîche
- sel

1 Huilez les deux faces des pavés et roulez-les dans le poivre mignonnette. Appuyez bien sur la viande afin de faire adhérer le poivre.

2 Faites cuire les pavés dans une poêle avec le beurre. Salez la viande. Quand les pavés sont cuits, faites-les flamber avec le cognac. Réservez la viande au chaud et déglacez la poêle avec la moutarde. Grattez bien les sucs de cuisson, puis versez la crème et laissez cuire sans bouillir pendant 5 minutes. Salez.

3 Servez les filets au poivre avec la sauce à la crème et des pommes de terre sautées.

ATELIER
Le filet de bœuf Rossini à ma façon

À VOUS DE JOUER !

1 Ouvrez le filet en deux sans aller jusqu'au bout.
2 Posez la moitié de la crépine sur la partie ouverte.
3 Coupez le foie gras en deux puis en lanières.
4 Mettez la moitié du foie gras dans la fente sur la crépine.
5 Placez de la truffe en petits cubes autour du foie gras.
6 Repliez la crépine sur la farce.
7 Fermez le filet avec de la ficelle.
8 Remettez du foie gras sur le dessus du filet.
9 Après avoir remis de la truffe sur le foie gras, posez de la crépine autour du filet.
10 Entourez le filet de crépine.
11 Entourez le filet de barde.
12 Ficelez le filet.
13 Coupez le filet en tournedos.
14 Les tournedos sont prêts à cuire.

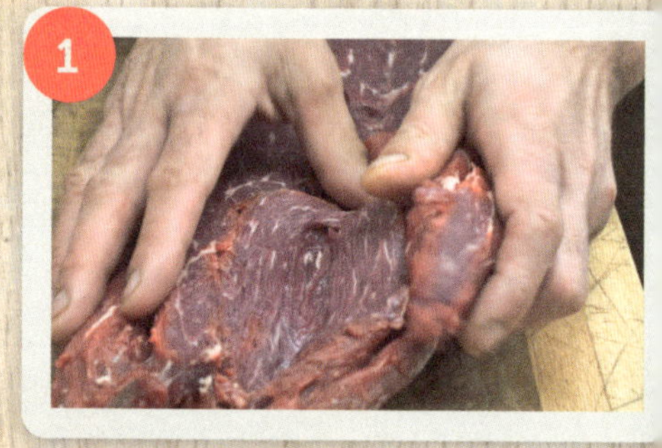

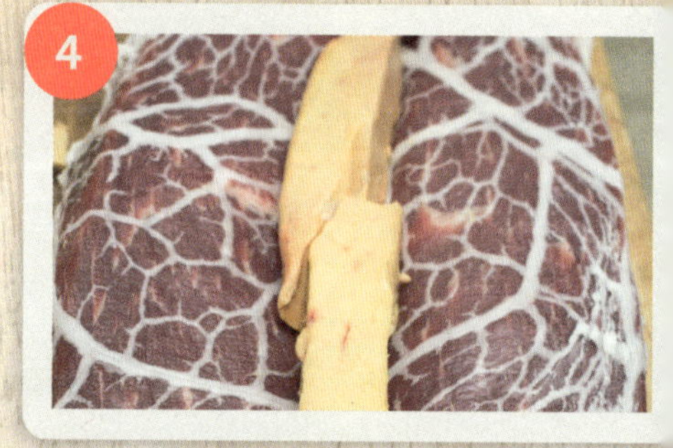

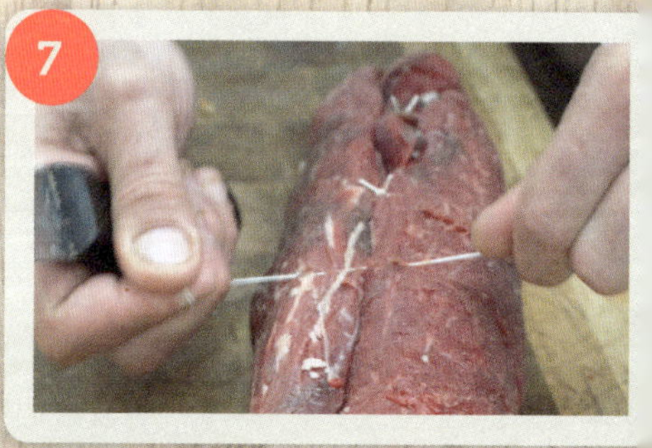

8

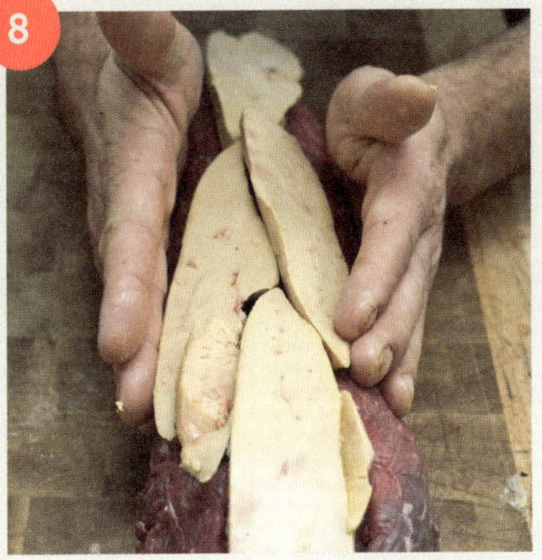

9

10

11

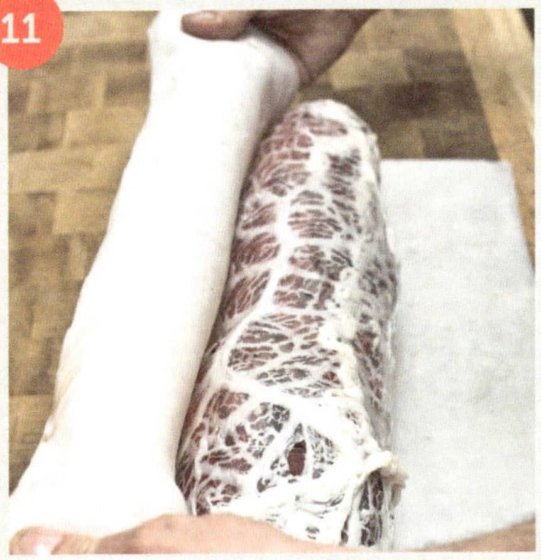

12

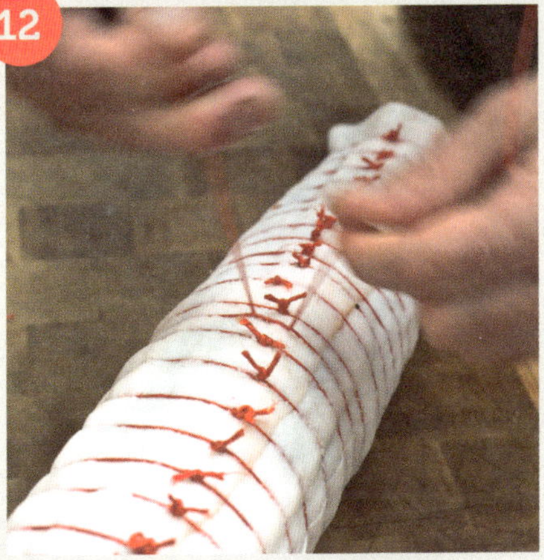

13

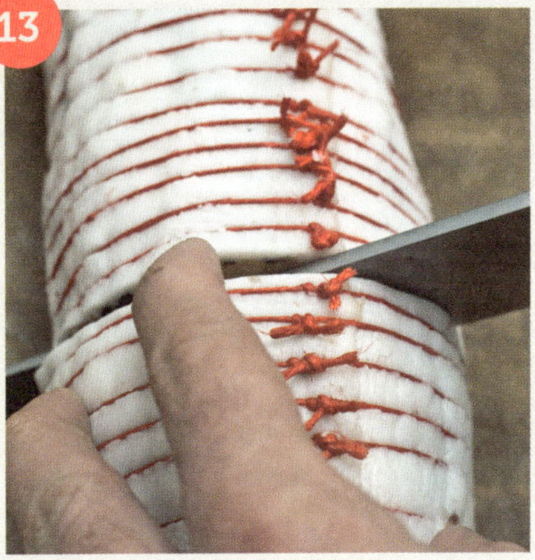

14

Les tournedos sont prêts à cuire

Filet de bœuf Rossini à ma façon

À réserver pour les grandes occasions, car dans ce tournedos Rossini se cache une surprise : la truffe.

préparation
35 minutes

cuisson
6 minutes

ingrédients
pour 8 personnes

- 1 filet de bœuf d'environ 1,8 kg
- 1 crépine
- 1 foie gras d'environ 450 g
- 200 g de truffe en petits dés
- 1 grande barde
- sel et poivre

1 Posez le filet de bœuf sur le plan de travail. Ouvrez-le en deux sans aller jusqu'au bout, sur environ 3 cm de profondeur.

2 Faites tremper la crépine dans de l'eau froide pendant 5 minutes.

3 Coupez le foie gras en grandes lanières.

4 Posez une petite moitié de crépine sur la partie ouverte de la viande en la laissant un peu dépasser, puis placez-y la moitié du foie gras en appuyant pour le faire rentrer dans la fente. Ajoutez la moitié de la truffe en petits carrés. Rabattez la crépine sur la farce, puis refermez les deux côtés du filet sur la crépine. Fermez le filet avec de la ficelle.

5 Posez l'autre moitié du foie gras sur le dessus du filet ainsi que la truffe restante.

6 Entourez le rôti avec l'autre moitié de la crépine.

7 Posez la barde sur le plan de travail, mettez le rôti dessus et entourez-le de barde. Ficelez-le comme un rôti.

8 Coupez le rôti en 8 gros tournedos et faites-les cuire pendant 3 minutes de chaque côté ou un peu plus selon votre goût.

9 Servez avec des pommes noisettes.

Gîte provençal

Une façon originale d'utiliser le gîte autrement que dans un classique pot-au-feu.

préparation
20 minutes

cuisson
3 h 20

ingrédients
pour 4 personnes

- 800 g de gîte
- 2 oignons doux
- 2 gousses d'ail
- 2 poivrons rouges
- 5 tomates bien mûres
- 4 cuillerées à soupe d'huile d'olive
- 25 cl de vin blanc sec
- sel et poivre

1 Coupez la viande en gros cubes.

2 Épluchez l'oignon et l'ail et hachez-les finement. Coupez les poivrons en deux, retirez les graines et le pédoncule puis coupez-les en lanières.

3 Plongez les tomates dans une casserole d'eau bouillante pendant 30 secondes, épluchez-les et hachez-les.

4 Versez 2 cuillerées à soupe d'huile dans une cocotte et faites-y revenir les morceaux de viande pendant 10 minutes en les retournant souvent. Retirez la viande, versez l'huile restante, puis faites-y revenir l'oignon, l'ail et le poivron pendant 10 minutes en les retournant souvent. Ajoutez les tomates, le vin, 25 cl d'eau, du sel, du poivre, puis la viande, et laissez cuire à feu très doux pendant 3 heures.

5 S'il manque du liquide, ajoutez un peu d'eau.

6 Servez accompagné de pâtes.

Paleron à la fondue d'échalotes confites

Un plat économique et savoureux, à laisser mijoter doucement en attendant l'arrivée de vos invités.

préparation
35 minutes

cuisson
1 h 55

ingrédients
pour 4 personnes

- 12 grosses échalotes (ou 24 petites)
- 2 gousses d'ail
- 800 g de paleron de bœuf
- 3 cuillerées à soupe d'huile d'olive
- 35 cl de vin blanc
- 4 carottes
- sel et poivre

1 Épluchez les échalotes et émincez-les dans le sens de la longueur. Épluchez l'ail et coupez-le en lamelles. Coupez la viande en gros cubes.

2 Préchauffez le four à 180 °C (th. 6).

3 Faites chauffer l'huile dans une cocotte et faites-y revenir le paleron pendant 10 minutes, ajoutez les échalotes, l'ail et le vin blanc, salez et poivrez. Fermez la cocotte et placez-la au four pour 1 h 45.

4 Pelez les carottes ; coupez-les en deux dans le sens de la longueur puis en gros tronçons. Ajoutez-les dans la cocotte après 1 heure de cuisson. Si le liquide s'est évaporé trop vite, ajoutez un peu d'eau.

5 Servez le paleron coupé en grosses tranches, accompagné des échalotes et des carottes.

Paleron braisé

Pour donner un air exotique à ce plat, vous pouvez remplacer les pommes de terre par des patates douces.

préparation
25 minutes

cuisson
1 h 10

ingrédients
pour 4 personnes

- 800 g de paleron
- 2 oignons
- 8 petites pommes de terre
- 2 fenouils
- 2 cuillerées à soupe d'huile d'olive
- 4 gousses d'ail
- 1 bouillon cube de bœuf
- 20 cl de vin blanc
- sel et poivre

1 Coupez le paleron en 4 morceaux égaux. Épluchez les oignons et coupez-les en fines demi-rondelles. Pelez les pommes de terre et coupez-les en grosses rondelles. Nettoyez les fenouils et coupez-les en rondelles.

2 Chauffez l'huile dans une cocotte et faites-y revenir la viande et les oignons pendant 10 minutes en remuant souvent. Ajoutez l'ail en chemise, le bouillon cube, le vin blanc, du sel et du poivre, et laissez cuire à couvert pendant 30 minutes. Ajoutez les pommes de terre et le fenouil, puis poursuivez la cuisson pendant 30 minutes encore.

3 Servez le paleron entouré des légumes de cuisson.

Pastilla de queue de bœuf

Vous connaissez la pastilla de pigeon, réalisez-la avec de la queue de bœuf, pour un plat plus économique et tout aussi goûteux.

préparation
50 minutes

cuisson
4 h 25

ingrédients
pour 4 personnes

- 1 queue de bœuf
- 2 carottes
- 3 oignons
- 2 clous de girofle
- 1 poireau
- 1 feuille de laurier
- 1 branche de thym
- 4 brins de persil
- 1 bâton de cannelle
- 1 étoile de badiane
- 200 g d'amandes mondées
- 3 cuillerées à soupe d'huile d'olive
- 8 feuilles de brick
- 1 grosse cuillerée à soupe de sucre glace
- 2 cuillerées à café de cannelle moulue
- sel, gros sel et poivre

1 Placez la queue de bœuf dans une grande casserole. Recouvrez-la d'eau puis portez à ébullition en écumant pendant environ 10 minutes.

2 Épluchez les carottes et 1 oignon et piquez-le avec les clous de girofle. Nettoyez le poireau. Plongez les légumes dans le bouillon avec le laurier, le thym, le persil, la cannelle, la badiane, du gros sel, du poivre ; faites mijoter pendant 3 h 30 à découvert. Laissez tiédir.

3 Épluchez et émincez les oignons restants. Faites dorer les amandes dans une poêle sèche sur feu doux. Laissez-les tiédir puis hachez-les en morceaux.

4 Quand la queue de bœuf est tiède, détachez la chair des os et émiettez-la grossièrement. Faites revenir les oignons à la poêle dans la moitié de l'huile pendant 10 minutes, sans laisser brunir. Ajoutez la queue de bœuf, salez, poivrez, mélangez bien ; laissez refroidir.

5 Préchauffez le four à 150 °C (th. 5). Huilez 4 feuilles de brick dans un moule à tarte en les décalant un peu. Ajoutez la viande et les oignons, puis les amandes. Rabattez les feuilles de brick. Huilez les feuilles restantes et posez-les sur les feuilles repliées. Retournez la pastilla pour pouvoir glisser le bout des feuilles en dessous, sur le fond du moule. Enfournez pour 30 minutes.

6 Sortez la pastilla du four, saupoudrez-la de sucre glace, puis dessinez des motifs avec la cannelle.

ATELIER
Le plat de côtes découvertes grillé façon argentine

LA PRÉPARATION DU BOUCHER

1 On détache la première peau sur l'os.
2 On tire, à l'aide d'un torchon, sur la peau pour l'ôter.
3 On scie le bout des os.
4 On dégage le haut des os, on les manchonne.
5 On sépare les côtes.
6 On nettoie les os.
7 Le plat de côtes est prêt à cuire.

1

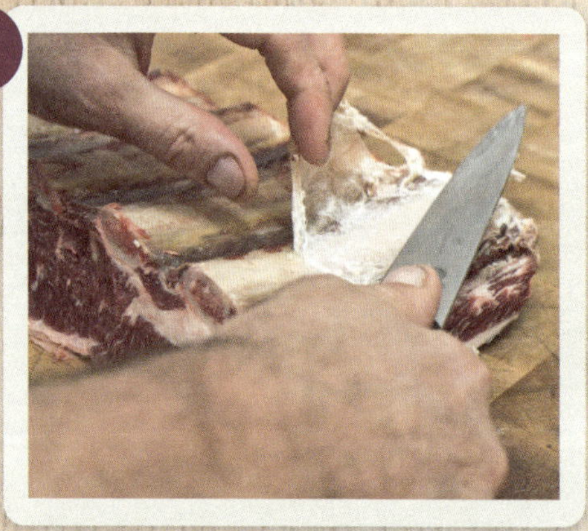

2

3

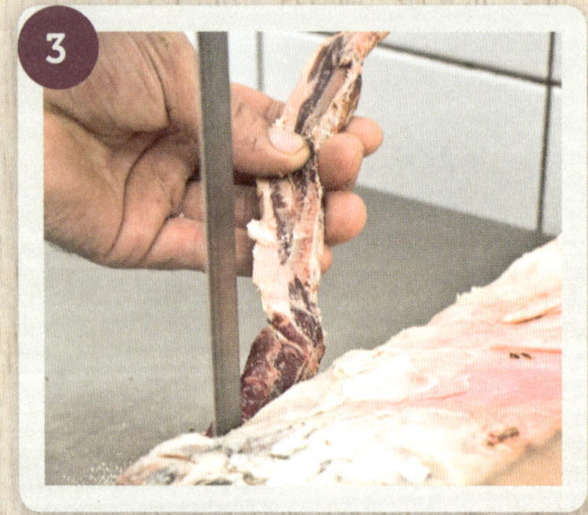

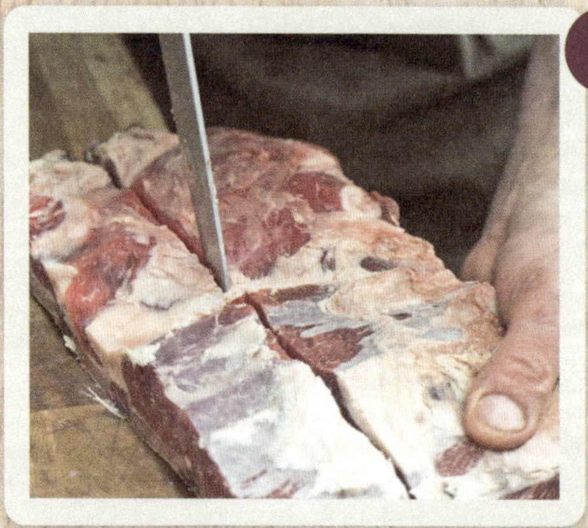

4

5

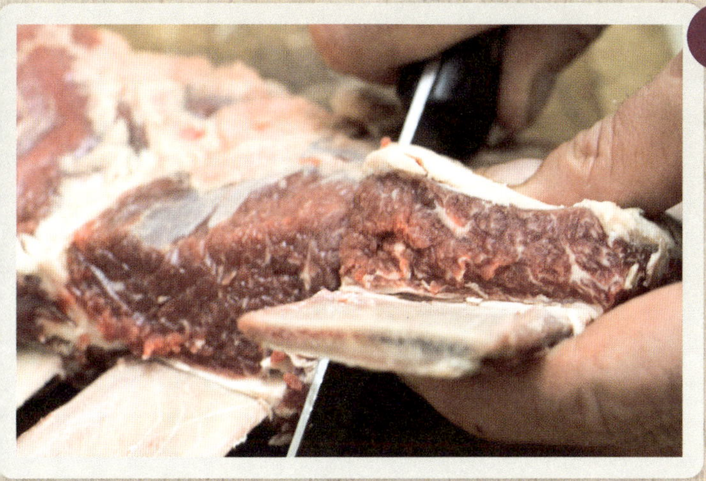

6

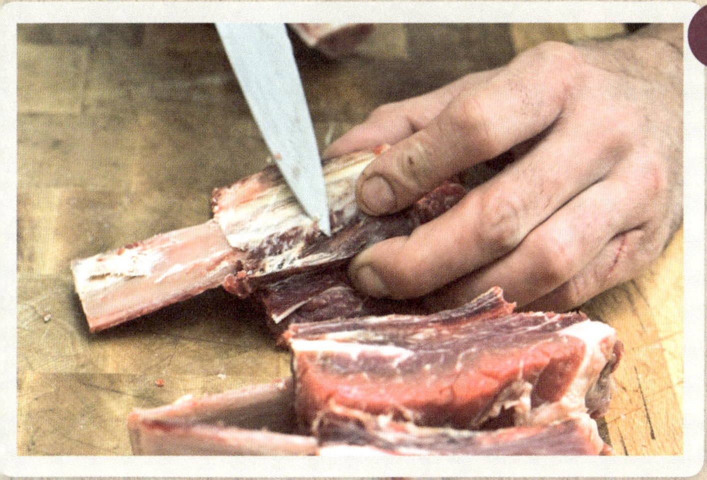

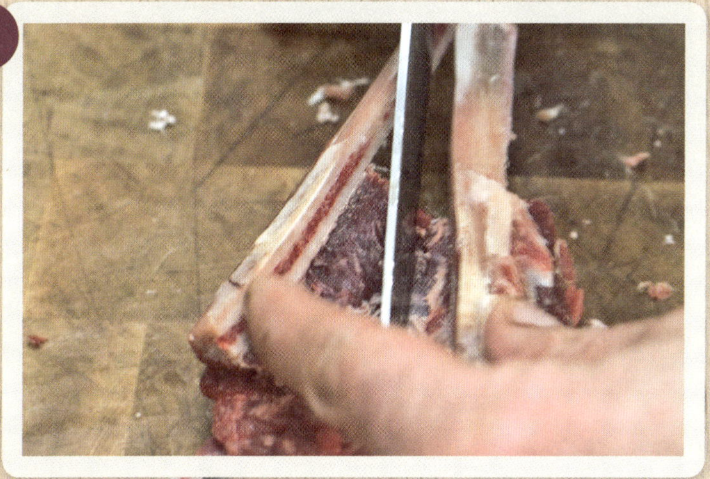

7

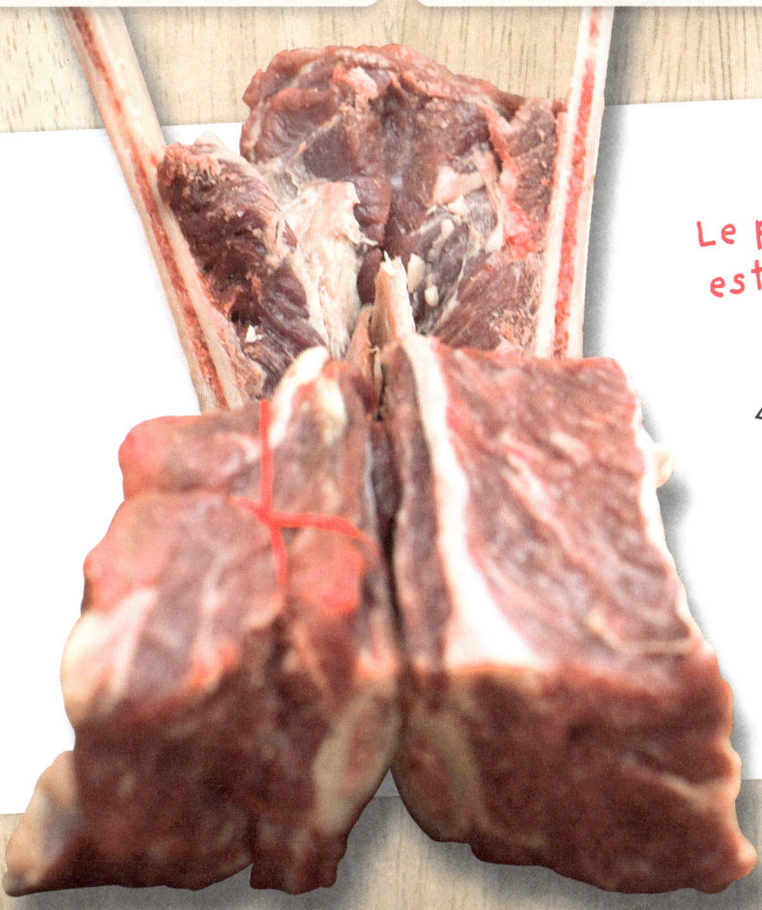

Le plat de côtes est prêt à cuire

Plat de côtes découvertes grillé façon argentine

Grand classique de la cuisine argentine, le plat de côte nommé « asado de tira » est un incontournable du barbecue.

préparation
25 minutes

cuisson
de 10 à 15 minutes

marinade
3 heures

ingrédients
pour 4 personnes

- 2 tomates
- 1 gousse d'ail
- 1 oignon doux
- 1 poivron pelé
- 3 cuillerées à soupe d'huile d'olive
- 3 gouttes de Tabasco®
- le zeste d'1 citron
- ½ cuillerée à café de piment d'Espelette
- 1 kg de plat de côtes découvertes
- sel et poivre

1 Plongez les tomates pendant 30 secondes dans une casserole d'eau bouillante, puis retirez la peau.

2 Épluchez l'ail et l'oignon et hachez-les finement. Coupez le poivron en tout petits dés.

3 Versez l'huile et le Tabasco® dans un grand plat creux, ajoutez le zeste de citron, les dés de poivron, l'oignon, l'ail, du sel, du poivre et le piment d'Espelette. Écrasez les tomates avec vos mains au-dessus du plat, puis mélangez bien.

4 Ajoutez la viande, mélangez de nouveau, puis laissez mariner pendant au moins 3 heures à température ambiante, en retournant les morceaux de viande plusieurs fois.

5 Faites griller la viande au barbecue de 10 à 15 minutes selon la cuisson désirée.

6 Servez avec des légumes grillés.

Rôti du dimanche et purée à l'ancienne

Le classique du repas dominical avec une touche d'originalité : le rôti dans le plat de côtes.

préparation
25 minutes

cuisson
de 40 à 50 minutes

ingrédients
pour 4 personnes

- 1 kg de pommes de terre à purée
- 1 rôti de bœuf dans le plat de côtes découvertes de 700 g
- 1 branche de thym frais
- 170 g de beurre demi-sel
- 10 cl de lait entier
- sel et poivre

1 Préchauffez le four à 240 °C (th. 8) pendant 15 minutes.

2 Faites cuire les pommes de terre avec leur peau dans une casserole d'eau de 20 à 30 minutes selon leur taille.

3 Frottez le rôti avec le thym puis avec 30 g de beurre ramolli, salez, poivrez puis enfournez pour 20 minutes.

4 Épluchez les pommes de terre cuites et passez-les au moulin à légumes, rapidement pour qu'elles ne refroidissent pas trop. Ajoutez le beurre restant coupé en morceaux et le lait chaud ; mélangez bien.

5 Sortez le rôti du four et laissez-le reposer pendant 5 minutes dans son plat recouvert de papier aluminium, puis coupez-le en tranches.

6 Servez le rôti accompagné de son jus de cuisson et de purée de pommes de terre.

Salade de bœuf à l'ancienne

Toute la saveur de cette recette réside dans la qualité du bouillon dans lequel cuit la viande : bouillon maison impérativement !

préparation
30 minutes

cuisson
4 h 40

repos
30 minutes

ingrédients
pour 4 personnes

- 600 g de gîte de bœuf
- 2 carottes
- 1 oignon
- 2 clous de girofle
- 1 poireau
- 1 feuille de laurier
- 16 brins de persil
- 3 échalotes
- 8 cornichons
- 2 cuillerées à soupe de vinaigre de Xérès
- 1 cuillerée à soupe de moutarde
- 5 cuillerées à soupe d'huile
- sel, gros sel et poivre

1 Placez la viande dans une grande casserole, couvrez largement d'eau puis portez à ébullition en écumant pendant environ 10 minutes.

2 Épluchez les carottes et l'oignon et piquez-le avec les clous de girofle. Nettoyez le poireau.

3 Plongez les légumes dans le bouillon ainsi que la feuille de laurier, 4 brins de persil, du gros sel et du poivre, puis laissez mijoter pendant 4 heures à découvert.

4 Hachez finement le persil restant. Épluchez les échalotes et coupez-les en rondelles. Coupez les cornichons en petits cubes.

5 Mélangez le vinaigre et la moutarde dans un bol, salez et poivrez puis versez l'huile peu a peu.

6 Quand la viande est cuite, coupez-la en cubes encore chaude, arrosez-la de vinaigrette. Remuez bien, puis ajoutez les cornichons, les échalotes et le persil haché. Mélangez à nouveau et laissez reposer pendant 30 minutes en tournant deux à trois fois.

7 Servez accompagné de tranches de pain de campagne grillées.

ATELIER
Les steaks de paleron au poivre vert

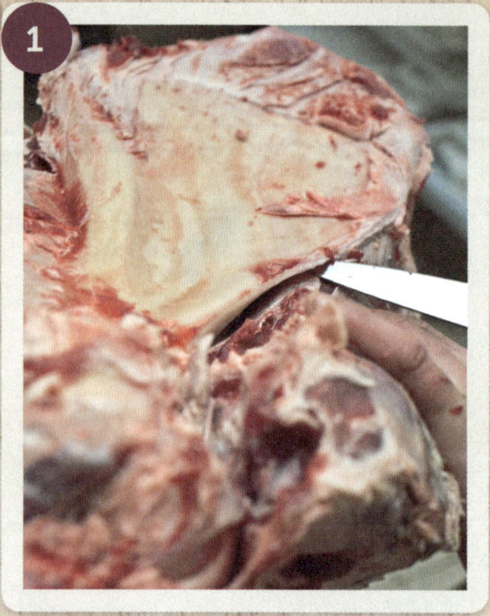

LA PRÉPARATION DU BOUCHER

1 On dégage la palette.

2 On dégage le paleron de la palette.

3 On sort la palette.

4 On lève le paleron.

5 On retire les nerfs et l'aponévrose.

6 On fixe un crochet pour maintenir le paleron par le gros nerf.

7 On ouvre le paleron en deux dans le sens de l'épaisseur afin de retirer l'aponévrose centrale.

8 On ôte du paleron tous les petits bouts de gras.

9 On coupe le paleron en steaks et prêts à cuire.

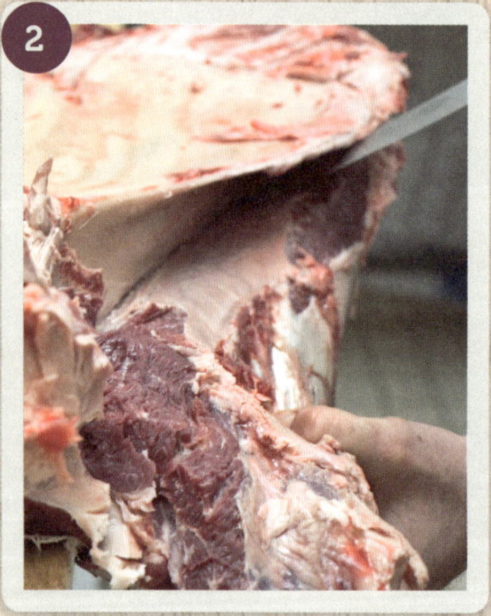

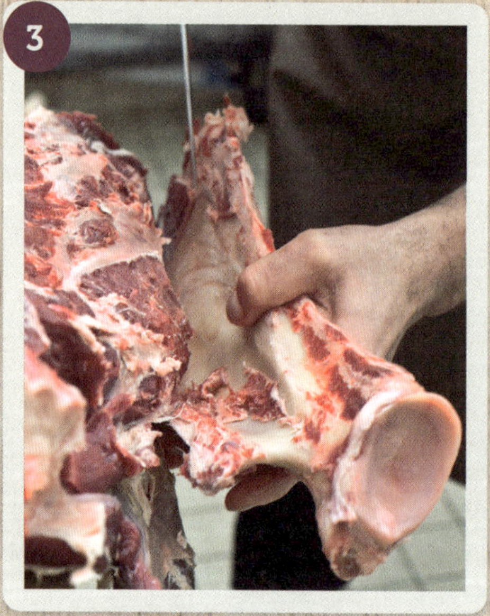

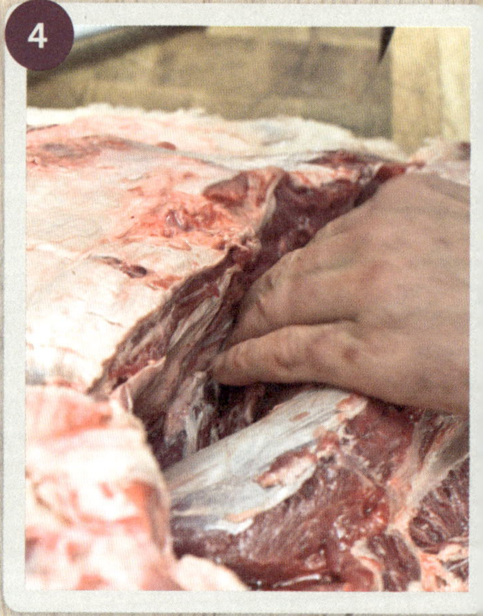

5

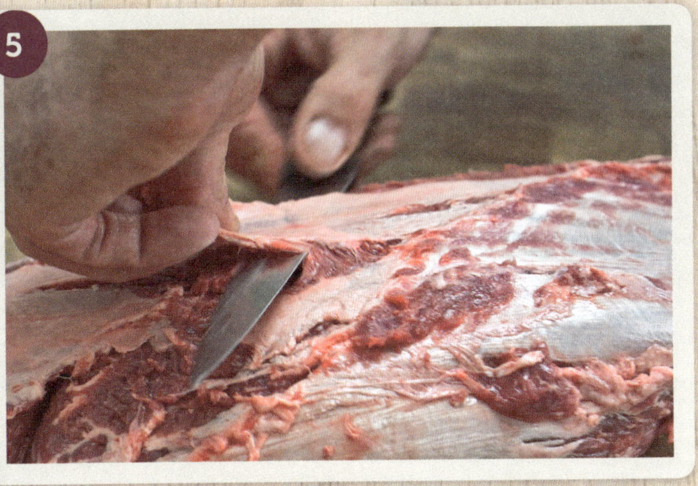

6

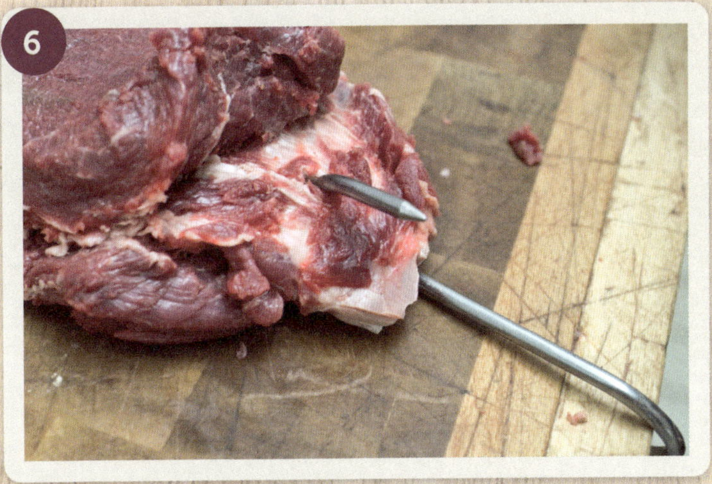

7

8

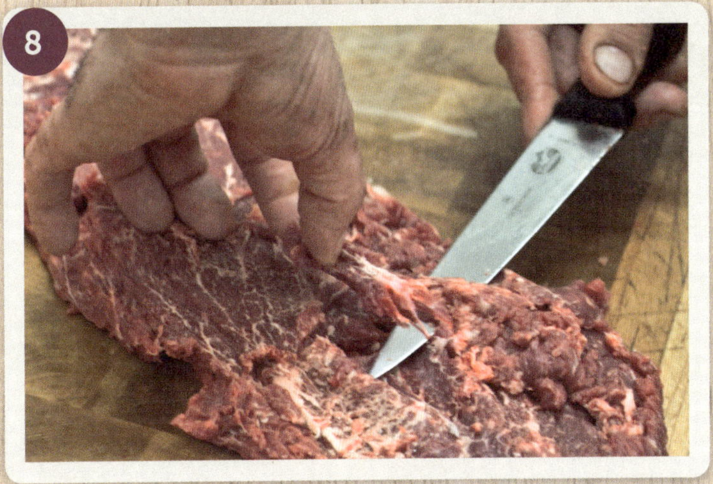

9

Steaks de paleron au poivre vert

Une découverte incroyable qui nécessite une préparation du paleron plus que minutieuse par votre boucher.

préparation
5 minutes

cuisson
de 15 à 20 minutes

ingrédients
pour 4 personnes

- 4 steaks de paleron de bœuf
- 1 cuillerée à soupe d'huile d'arachide
- 20 g de beurre
- 2 cuillerées à soupe de whisky
- 2 grosses cuillerées de poivre vert au naturel
- 25 cl de crème fraîche
- sel et poivre

1 Faites cuire les steaks à la poêle dans l'huile et le beurre, le temps dépendant de la cuisson désirée ; réservez-les au chaud.

2 Versez le whisky dans la poêle et grattez bien les sucs de cuisson. Ajoutez le poivre vert bien égoutté, versez la crème fraîche, mélangez bien puis laissez réduire sur feu très doux de 6 à 8 minutes.

3 Servez les steaks accompagnés de la sauce au poivre vert et de purée de pommes de terre ou de céleri-rave.

Conseil

Vous pouvez également réchauffer les steaks dans la sauce pendant quelques instants.

Tartare de bœuf au couteau

Le grand classique du bistrot ! Mais rien ne vous empêche de laisser libre cours à votre imagination dans les assaisonnements.

préparation
25 minutes

pas de cuisson

ingrédients
pour 4 personnes

- 700 g d'onglet
- 1 gros oignon
- 10 brins de persil
- 8 cornichons
- 2 cuillerées à café de câpres
- 3 cuillerées à soupe de moutarde
- 4 gouttes de Tabasco®
- 1 cuillerée à café de Worcestershire sauce
- sel et poivre

1 Coupez l'onglet en lanières puis hachez-le au couteau. Disposez un quart de viande dans chaque assiette.

2 Épluchez l'oignon et hachez-le finement. Lavez, essorez et ciselez finement le persil. Coupez les cornichons en quatre puis hachez-les.

3 Disposez les oignons en petit tas à côté de la viande. Faites de même avec le persil, les cornichons, les câpres et la moutarde.

4 Versez une goutte de Tabasco® sur chaque part de viande ainsi que quelques gouttes de Worcestershire sauce. Salez et poivrez.

5 Servez les tartares accompagnés de salade et de frites maison.

Terrine de queue de bœuf

Cette recette vous prendra beaucoup de temps, mais quel régal dans votre assiette !

préparation
20 minutes

cuisson
4 h 10

réfrigération
24 heures

ingrédients
pour 4 personnes

- 1 queue de bœuf coupée en morceaux
- 400 g de gîte
- 1 crosse de bœuf
- 1 crosse de veau
- 1 pied de veau
- 3 carottes
- 1 oignon
- 3 clous de girofle
- 2 poireaux
- 1 branche de céleri
- 1 feuille de laurier
- 3 tiges de persil
- gros sel et poivre

1 Placez les viandes ainsi que les crosses et le pied de veau coupé en deux dans une grande casserole. Couvrez largement d'eau puis portez à ébullition en écumant pendant environ 10 minutes.

2 Épluchez les carottes et l'oignon et piquez-le avec les clous de girofle. Nettoyez les poireaux. Lavez la branche de céleri.

3 Plongez les légumes dans le bouillon ainsi que la feuille de laurier, le persil, du gros sel et du poivre, puis laissez mijoter pendant 4 heures à découvert.

4 Retirez les viandes de la casserole, laisser-les tiédir puis émiettez-les en les mélangeant bien. Réservez le bouillon.

5 Disposez dans une terrine, tassez bien et versez du bouillon de cuisson jusqu'au niveau de la viande. Attendez que le contenu de la terrine soit bien froid avant de le placer au réfrigérateur pendant 24 heures.

6 Servez accompagné d'une salade de chiffonnade de laitue, tomates et concombre ainsi que de petits oignons au vinaigre.

Le porc

Hugo Desnoyer

La viande de porc

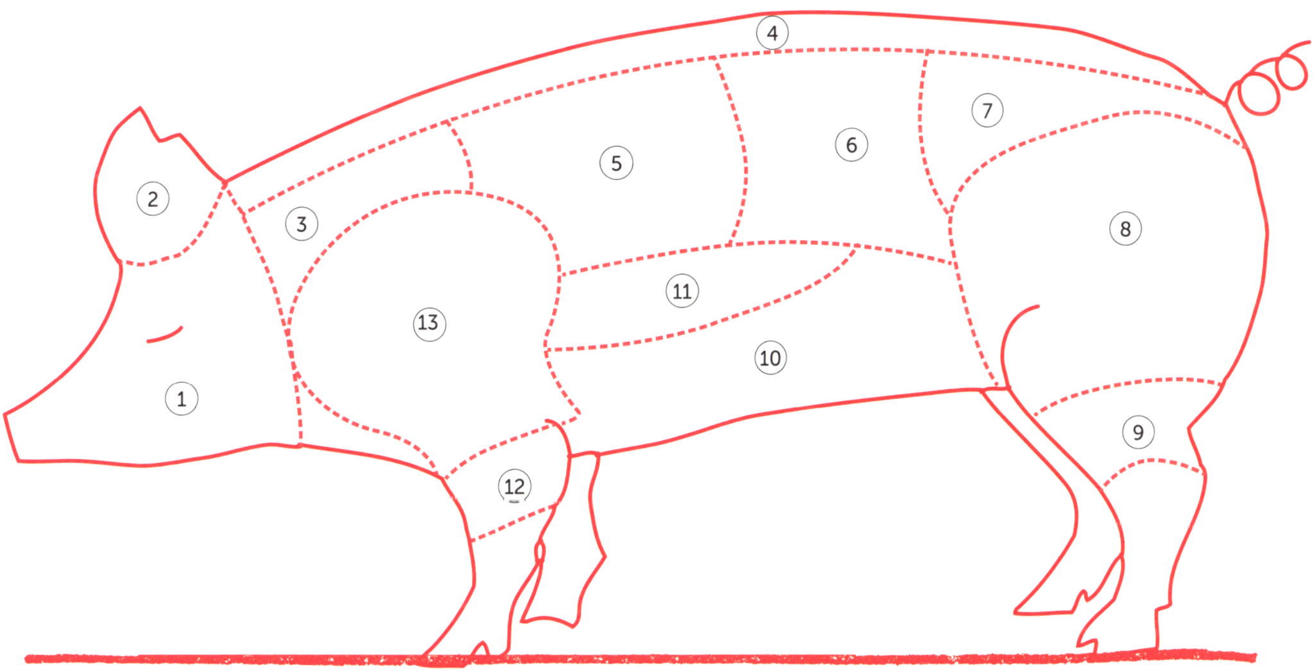

1 Tête
2 Oreille
3 Échine
4 Lard
5 Carré de côtes
6 Carré filet
7 Pointe
8 Jambon
9 Jarret
10 Poitrine
11 Travers
12 Jarret
13 Épaule

Blaff de pied de porc

Aux Antilles, le mot blaff vient du bruit que fait une viande lorsqu'on la jette dans un bouillon bien chaud.

préparation
20 minutes

cuisson
35 minutes

ingrédients
pour 4 personnes

- 1 grosse tomate mûre
- 3 oignons nouveaux avec leurs tiges
- 1 gousse d'ail
- le jus de 2 citrons verts
- 1 feuille de laurier
- 3 grains de poivre de Jamaïque
- 1 pincée de curcuma
- 8 brins de persil
- 1 pincée de piment
- 2 pieds de porc cuits
- sel et poivre

1 Coupez la tomate en petits cubes. Nettoyez les oignons et hachez-les ; coupez leurs tiges en tronçons.

2 Mettez dans 1 litre d'eau froide les oignons et leurs tiges, la tomate, l'ail en chemise, le jus de citron, le laurier, le poivre de Jamaïque, le curcuma, le persil, le piment, du sel et du poivre puis portez à ébullition et laissez bouillonner pendant 15 minutes.

3 Désossez les pieds de porc ; coupez la couenne et la chair en lamelles.

4 Plongez les lamelles de viande dans le bouillon et laissez cuire pendant 20 minutes.

5 Servez le blaff dans des bols avec une tranche de citron vert par personne.

ATELIER

Le carré de porc rôti sauce normande

LA PRÉPARATION DU BOUCHER

1 Le carré avant d'être travaillé.

2 On retire l'os de la colonne.

3 On scie l'os de la colonne.

4 On détache la viande des os sur 3 cm.

5 On détache le côté os.

6 On passe entre les côtes pour retirer toute la chair.

7 On dégage la viande des côtes.

8 On gratte les os pour retirer toutes les chairs.

9 On quadrille la couenne du carré avec un couteau.

10 Le carré terminé avec de l'aluminium sur les os pour qu'ils ne noircissent pas à la cuisson.

11 Le carré coupé en deux, soit 3 côtes par carré, et prêt à cuire.

1

2

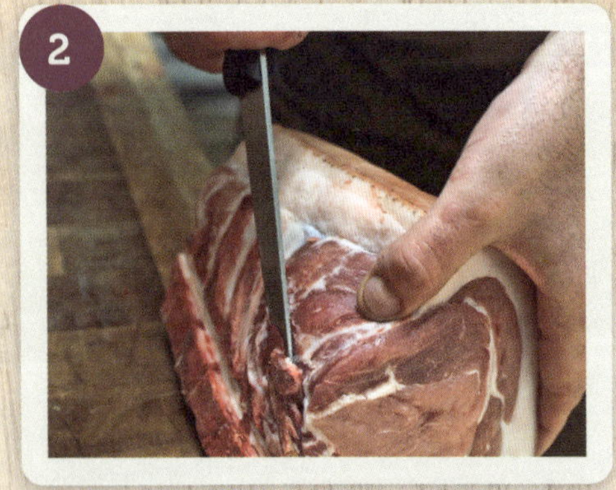

3

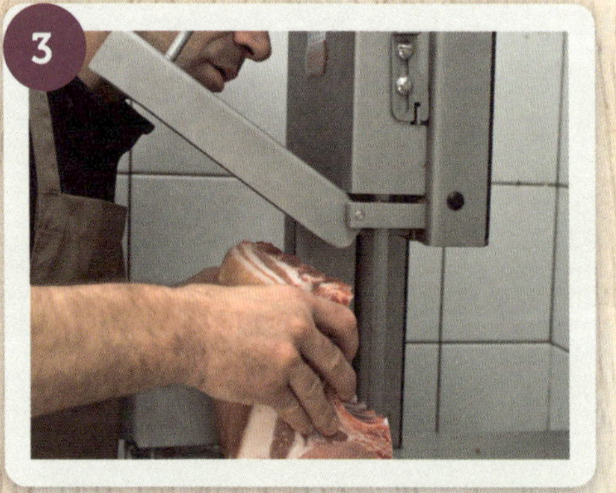

4

5

6

7

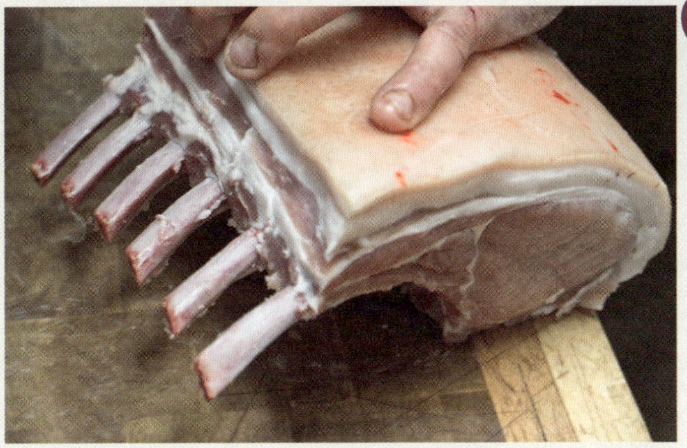

8

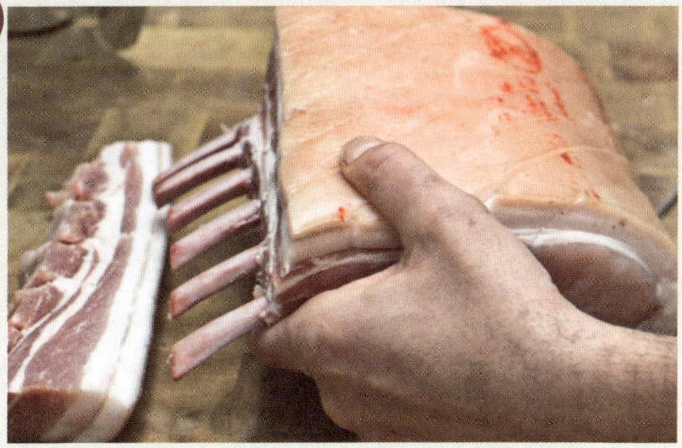

9

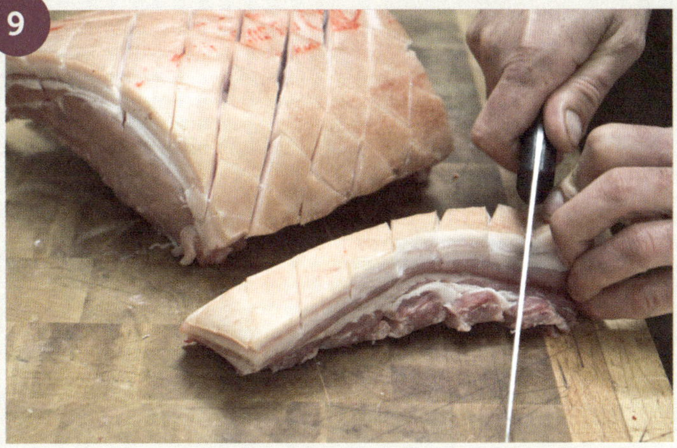

10

11

Carré de porc rôti sauce normande

La Normandie arrive dans votre assiette ! Vous pouvez déguster ce carré de cochon avec un verre de cidre brut.

préparation
20 minutes

cuisson
50 minutes

ingrédients
pour 4 personnes

- 1 carré de porc pour 4 personnes
- 4 pommes reine des reinettes
- 25 cl de cidre brut
- 80 g de beurre
- sel et poivre

1 Préchauffez le four à 180 °C (th. 6).

2 Frottez le carré de porc avec du sel et du poivre. Coupez les pommes en 4 sans les éplucher et retirez les pépins.

3 Mettez le carré de porc, le cidre, le beurre coupé en petits morceaux, les pommes dans un grand plat allant au four et faites cuire pendant 50 minutes. Arrosez le carré avec le liquide de cuisson au moins trois fois et retournez-le à mi-cuisson.

4 Servez le carré accompagné des pommes cuites et de son jus de cuisson.

Côte de porc pour deux en croûte de sel

Demandez à votre boucher une côte de porc dans la pointe du filet, elle n'en sera que plus charnue et moelleuse.

préparation
10 minutes

cuisson
45 minutes

marinade
12 heures

ingrédients
pour 2 personnes

- 2 gousses d'ail
- 1 cuillerée à soupe de gingembre frais râpé
- 2 cuillerées à soupe d'huile d'olive
- 1 grosse côte de porc pour deux
- 1,5 kg de gros sel
- 50 g farine
- 3 blancs d'œufs
- 1 cuillerée à soupe de thym effeuillé
- 1 cuillerée à café de romarin effeuillé
- poivre

1 Épluchez et hachez l'ail. Mettez-le dans un bol avec le gingembre, l'huile et du poivre. Badigeonnez, à l'aide d'un pinceau, la grosse côte de porc de ce mélange, couvrez-la de film alimentaire et placez-la au réfrigérateur pour 12 heures au moins.

2 Préchauffez le four à 180 °C (th. 6).

3 Mélangez le gros sel et la farine dans un saladier, puis ajoutez les blancs d'œufs et mélangez à nouveau.

4 Posez la côte de porc sur le plan de travail et saupoudrez-la de thym et de romarin. Poivrez.

5 Dans un grand plat allant au four, étalez une petite moitié du mélange gros sel/farine et posez la côte dessus. Recouvrez entièrement la viande du reste du mélange.

6 Faites cuire la côte au four pendant 45 minutes. Sortez-la, cassez la croûte de sel et essuyez la viande avec du papier absorbant.

7 Servez aussitôt avec des haricots verts et des petites pommes de terre en robe des champs.

Côtes de porc massalé

Le massalé est un mélange d'épices d'origine indienne utilisé à La Réunion. Cette recette utilise un mélange tout prêt, mais vous pouvez aussi vous amuser à le préparer vous-même.

préparation
15 minutes

cuisson
45 minutes

ingrédients
pour 4 personnes

- 500 g d'oignons
- 2 cuillerées à soupe d'huile
- 4 côtes de porc
- 4 cuillerées à soupe de sauce soja
- 2 pincées de cannelle
- 2 pincées de paprika
- 1 cuillerée à café massalé
- 1 pincée de piment
- 25 cl de lait de coco
- sel et poivre

1 Épluchez les oignons et coupez-les en fines demi-rondelles.

2 Mettez l'huile dans une cocotte et faites-y revenir les oignons pendant 5 minutes en remuant souvent. Retirez les oignons et faites revenir les côtes de porc. Quand elles sont dorées, remettez les oignons et ajoutez la sauce soja, la cannelle, le paprika, le massalé, le piment et le lait de coco. Mélangez bien, salez, poivrez, couvrez et laissez cuire à feu doux pendant 30 minutes en retournant les côtes plusieurs fois.

3 Servez les côtes de porc avec la sauce et du riz blanc aux légumes.

Curry à la thaïlandaise

N'hésitez pas à préparer ce plat en grande quantité, il se congèle sans aucun problème.

préparation
15 minutes

cuisson
45 minutes

ingrédients
pour 4 personnes

- 600 g de filet mignon
- ½ poivron rouge
- 1 aubergine
- 1 cuillerée à soupe d'huile d'arachide
- 2 cuillerées à soupe de pâte de curry vert (ou 1 cuillerée pour un goût moins piquant)
- 45 cl de lait de coco
- 4 feuilles de citronnier ou de kafir
- 2 cuillerées à soupe de sucre
- 3 cuillerées à soupe de nuoc-mâm

1 Coupez le filet mignon en lamelles. Retirez les graines et le pédoncule du poivron et coupez-le en lanières. Coupez l'aubergine en petits cubes.

2 Faites chauffer l'huile dans un wok ou une grande poêle puis ajoutez la pâte de curry. Après 1 minute, versez un peu de lait de coco en remuant, puis, au bout de 2 minutes, encore un peu de lait de coco. Continuez ainsi jusqu'à avoir versé la moitié du lait de coco, puis ajoutez les morceaux de viande et laissez cuire pendant 10 minutes.

3 Ajoutez ensuite le lait de coco restant, les feuilles de citronnier ou de kafir, le poivron en lamelles et les cubes d'aubergine ; la viande doit être immergée dans le liquide. Ajoutez le sucre et le nuoc-mâm. Mélangez et laissez cuire pendant 25 minutes.

4 Servez le curry accompagné de riz blanc.

Échine boulangère

Si vous aimez la saveur de l'ail, frottez l'intérieur du plat à four avec une demi-gousse d'ail pelée.

préparation
25 minutes

cuisson
1 h 40

ingrédients
pour 4 personnes

- 3 gros oignons blanc
- 2 petites échalotes
- 1 gousse d'ail
- 1 kg de pommes de terre
- 1 bouillon cube
- 2 cuillerées à soupe d'huile
- 4 côtes de porc dans l'échine
- sel et poivre

1 Épluchez les oignons et coupez-les en fines demi-rondelles. Épluchez les échalotes et l'ail et hachez-les. Mélangez l'oignon, l'échalote et l'ail. Pelez les pommes de terre et coupez-les en fines rondelles.

2 Faites dissoudre le bouillon cube dans 20 cl d'eau bouillante.

3 Préchauffez le four à 180 °C (th. 6).

4 Chauffez 1 cuillerée à soupe d'huile dans une poêle et faites-y dorer les côtes de porc des deux côtés pendant environ 10 minutes.

5 Versez l'huile restante dans un grand plat allant au four et déposez-y les côtes. Recouvrez-les avec le mélange d'oignons, puis les pommes de terre. Salez et poivrez, puis versez le bouillon.

6 Couvrez le plat, soit de son couvercle, soit de papier d'aluminium, et faites cuire au four pendant 1 h 30. Dix minutes avant la fin de la cuisson, retirez le couvercle et augmentez la température à 210 °C.

7 Servez bien chaud dès la sortie du four.

Échine cuite au bouillon et grillée à la plancha

Faire cuire l'échine dans un bouillon la rend plus moelleuse et quand elle sera snackée, elle aura l'extérieur croustillant et l'intérieur fondant.

préparation
25 minutes

cuisson
1 h 20

réfrigération
4 heures

ingrédients
pour 4 personnes

- 800 g d'échine de porc désossée
- 1 poireau
- 2 carottes
- 1 oignon
- 2 clous de girofle
- 1 branche de céleri
- 1 feuille de laurier
- 1 branche de thym
- 3 brins de persil avec leur tige
- 5 grains de poivre
- 5 graines de coriandre
- ½ bâton de cannelle
- 1 éclat de badiane
- 1 cuillerée à soupe d'huile d'olive
- sel et poivre

1 Mettez l'échine dans 2 litres d'eau froide et faites bouillir pendant 10 minutes en écumant régulièrement.

2 Nettoyez le poireau et coupez-le en deux dans le sens de la longueur. Pelez les carottes et coupez-les en deux. Épluchez l'oignon et piquez-le avec les clous de girofle. Coupez le céleri en deux.

3 Mettez les légumes, le laurier, le thym, le persil, le poivre, la coriandre, la cannelle, la badiane, du sel et du poivre moulu dans la casserole et poursuivez la cuisson pendant 1 heure à petits bouillonnements.

4 Laissez la viande refroidir dans le bouillon, puis placez-la au réfrigérateur pendant au moins 4 heures.

5 Coupez l'échine en 4 tranches égales et faites-les cuire sur une plancha très chaude pendant 4 minutes de chaque côté. Si vous n'avez pas de plancha, utilisez une poêle avec de l'huile très chaude.

6 Servez les tranches d'échine avec de la purée de pommes de terre.

Échine de porc aux palourdes

Un joli plat terre/mer où l'iode des palourdes met en valeur l'échine de porc.

préparation
20 minutes

cuisson
55 minutes

trempage
2 heures

ingrédients
pour 4 personnes

- 1 kg de palourdes
- 700 g d'échine de porc
- 2 tomates
- 1 gros oignons ou deux petits
- 2 gousses d'ail
- 2 cuillerées à soupe d'huile d'olive
- 2 verres de vin blanc sec
- 1 branche de thym
- 2 feuilles de laurier
- sel et poivre

1 Mettez les palourdes dans un grand bol d'eau salée froide pendant 2 heures.

2 Coupez la viande en gros cubes. Plongez les tomates dans une casserole d'eau bouillante pendant quelques instants, pelez-les et concassez-les grossièrement. Épluchez l'oignon et l'ail, coupez l'oignon en fines demi-rondelles et hachez l'ail.

3 Chauffez l'huile dans une cocotte et faites-y dorer les cubes de viande pendant 10 minutes en remuant souvent. Ajoutez l'oignon, l'ail et les tomates puis laissez cuire pendant 5 minutes en continuant à remuer. Versez le vin blanc, ajoutez le thym, le laurier, du sel et du poivre et laissez cuire pendant 30 minutes à couvert.

4 Ajoutez les palourdes égouttées dans la cocotte. Couvrez et laissez les palourdes s'ouvrir pendant environ 10 minutes.

5 Servez le porc aux palourdes accompagné de grosses frites maison à la mode portugaise.

Escalopes farcies aux fruits secs

Pour renforcer la saveur sucrée de cette recette, vous pouvez ajouter une ou deux figues séchées.

préparation
30 minutes

cuisson
25 minutes

ingrédients
pour 4 personnes

- 8 abricots secs
- 4 pruneaux dénoyautés
- 24 amandes mondées
- 24 noisettes
- 200 g de chair à saucisse
- 4 fines escalopes de porc dans le quasi
- 2 cuillerées à soupe d'huile d'olive
- sel et poivre

1 Coupez les abricots et les pruneaux en petits cubes. Hachez grossièrement les amandes et les noisettes.

2 Préchauffez le four à 180 °C (th. 6).

3 Mettez la chair à saucisse, les abricots, les pruneaux, les amandes et les noisettes dans un grand bol. Salez et poivrez, mélangez bien.

4 Posez les escalopes sur le plan de travail bien à plat et mettez un boudin de farce au centre. Roulez les escalopes afin de former des petits rôtis, puis ficelez-les.

5 Versez l'huile d'olive dans un plat allant au four et faites-y cuire les petits rôtis pendant 25 minutes.

6 Servez les escalopes coupées en tranches accompagnées de pâtes fraîches à l'huile d'olive.

Escalopes panées aux noisettes

Si le goût sucré de la noisette ne vous séduit pas, revenez à l'escalope panée classique en remplaçant la noisette par de la chapelure.

préparation
20 minutes

cuisson
16 minutes

ingrédients
pour 4 personnes

- 200 g de noisettes
- 2 œufs
- 3 cuillerées à soupe de farine
- 4 escalopes de porc un peu épaisses dans le quasi
- 1 cuillerée à soupe d'huile
- 30 g de beurre
- sel et poivre

1 Broyez les noisettes au mixeur afin d'obtenir une poudre un peu grossière et déposez celle-ci dans une assiette à soupe.

2 Battez les œufs en omelette dans une autre assiette et mettez la farine dans une troisième assiette.

3 Farinez les escalopes, puis trempez-les dans l'œuf et enfin dans la poudre de noisette. Appuyez bien sur les escalopes afin de faire adhérer la poudre de noisette.

4 Chauffez l'huile et le beurre dans une grande poêle et faites-y cuire les escalopes à feu doux pendant 8 minutes de chaque côté. Salez et poivrez.

5 Servez avec du citron et des haricots verts frais à la vapeur.

Escalopines sauce citronnée

Si vous souhaitez renforcer le goût citronné de la sauce, ajoutez au jus de citron le zeste d'un citron.

préparation
5 minutes

cuisson
10 minutes environ

ingrédients
pour 4 personnes

- 4 escalopes de quasi de porc d'environ 150 g chacune
- le jus de 2 citrons
- 2 jaunes d'œufs
- 20 cl de crème fraîche
- 4 cuillerées à soupe de câpres
- 1 cuillerée à soupe d'huile d'arachide
- sel et poivre

1 Coupez chaque escalope en 3 morceaux.

2 Faites chauffer le jus de citron dans une casserole à feu doux. Ajoutez les jaunes d'œufs en fouettant énergiquement. Lorsque la sauce épaissit, ajoutez la crème fraîche et les câpres sans cesser de fouetter. Continuez pendant 1 minute, puis réservez au chaud.

3 Poêlez les escalopines avec l'huile pendant 2 minutes de chaque côté.

4 Servez aussitôt les escalopines nappées de sauce et accompagnées de pois gourmands cuits à la vapeur.

ATELIER

Le filet mignon à la moutarde

À VOUS DE JOUER !

1 Présentation des ingrédients.

2 Ôtez le gras du filet mignon.

3 Posez le filet mignon sur la crépine, puis badigeonnez le dessus généreusement de moutarde.

4 Coupez la tomate en assez fines tranches.

5 Posez les tranches de tomates sur le filet mignon.

6 Saupoudrez de graines de moutarde et de thym effeuillé.

7 Ciselez la ciboulette.

8 Saupoudrez de ciboulette le dessus du filet mignon.

9 Rabattez la crépine sur le filet mignon.

10 Entourez bien le filet avec la crépine.

11 Le filet mignon est prêt à cuire.

1

2

3

4

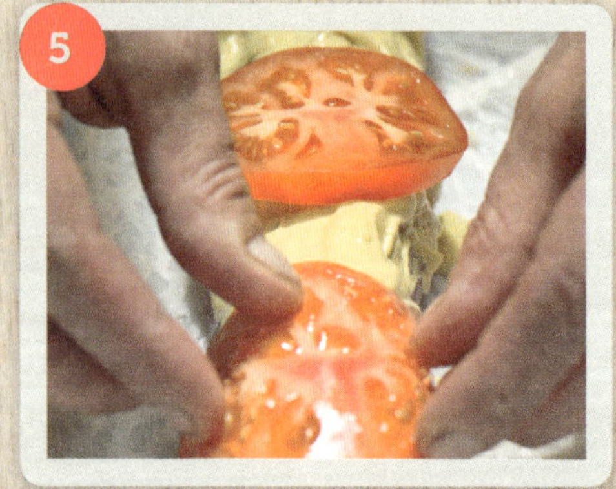

5

6

7

8

9

10

11

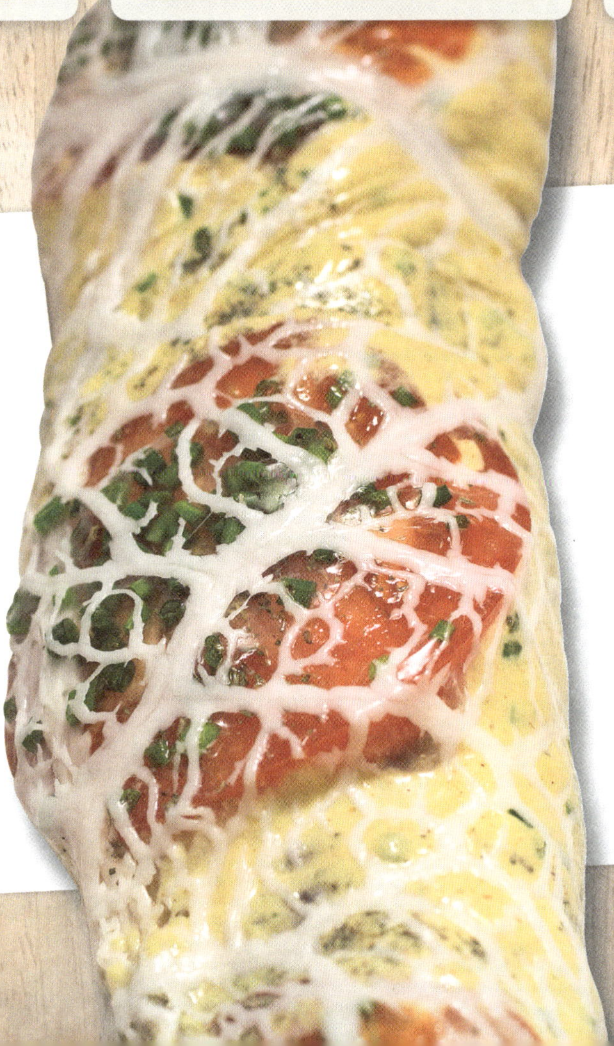

Le filet mignon est prêt à cuire

Filet mignon à la moutarde

Une moutarde à l'ancienne conviendra très bien pour cette savoureuse recette.

préparation
15 minutes

cuisson
30 minutes

ingrédients
pour 4 personnes

- 1 tomate
- 10 brins de ciboulette
- 1 crépine
- 800 g de filet mignon
- 5 cuillerées à soupe de moutarde
- 1 petite cuillerée à soupe de thym effeuillé
- 2 cuillerées à soupe d'huile
- 12 cl de vin blanc
- 2 gousses d'ail
- sel et poivre

1 Coupez la tomate en tranches fines. Lavez et ciselez la ciboulette.

2 Faites tremper la crépine dans un bol d'eau froide pendant quelques minutes, égouttez-la.

3 Préchauffez le four à 210 °C (th. 7).

4 Posez le filet mignon sur la crépine, salez et poivrez. Badigeonnez-la généreusement de moutarde. Ajoutez les tranches de tomate puis saupoudrez de thym effeuillé et de ciboulette ciselée.

5 Rabattez la crépine sur le dessus du filet. Ficelez le filet comme un rôti avec de la ficelle de cuisine.

6 Versez l'huile dans un plat allant au four, ajoutez le filet, versez le vin blanc, ajoutez les gousses d'ail en chemise puis faites cuire pendant 30 minutes.

7 Servez la viande coupée en tranches, accompagnées de la sauce du plat et de purée de potimarron.

Filet mignon au lait de coco et aux cacahuètes

Le filet mignon, morceau très tendre et goûteux, donnera à cette recette exotique tout son caractère.

préparation
20 minutes

cuisson
55 minutes

ingrédients
pour 4 personnes

- 800 g de filet mignon
- 3 cuillerées à soupe d'huile d'arachide
- 2 petits oignons
- 2 gousses d'ail
- 3 tomates
- 1 cuillerée à café de curry
- 20 cl de lait de coco
- le jus d'1 citron vert
- 100 g de cacahuètes
- sel et poivre

1 Coupez la viande en tranches d'environ 1 cm. Chauffez 2 cuillerées à soupe d'huile dans une cocotte et faites-y dorer la viande pendant 10 minutes.

2 Pendant ce temps, épluchez les oignons et l'ail, coupez l'oignon en fines demi-rondelles et hachez l'ail. Plongez les tomates quelques secondes dans une casserole d'eau bouillante et épluchez-les.

3 Retirez la viande de la cocotte, ajoutez l'huile restante, les oignons et l'ail, et faites revenir en remuant régulièrement pendant 5 minutes. Remettez la viande, salez, poivrez puis ajoutez les tomates écrasées ainsi que le curry. Mélangez bien, puis ajoutez le lait de coco et le jus de citron. Mélangez à nouveau et laissez cuire à couvert pendant 40 minutes.

4 Hachez grossièrement les cacahuètes.

5 Servez la viande saupoudrée de cacahuètes et accompagnée de riz blanc.

ATELIER
Le filet mignon aux abricots secs et poitrine fumée

À VOUS DE JOUER !

1 Présentation des produits.
2 Ouvrez le filet mignon en deux sans le couper complètement et laissez les extrémités fermées.
3 Posez la poitrine fumée en fines tranches deux par deux.
4 Posez les abricots secs sur la poitrine fumée.
5 Fermez le filet mignon.
6 Entourez le filet mignon de tranches de poitrine fumée.
7 Posez des abricots secs par-dessus.
8 Entourez le filet mignon de crépine.
9 Ficelez le filet mignon.
10 Coupez les ficelles au ras du nœud.
11 Le filet mignon est prêt à cuire.

1

2

3

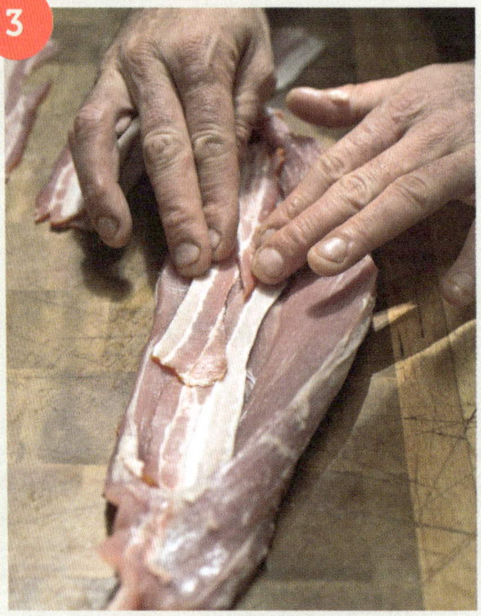

4

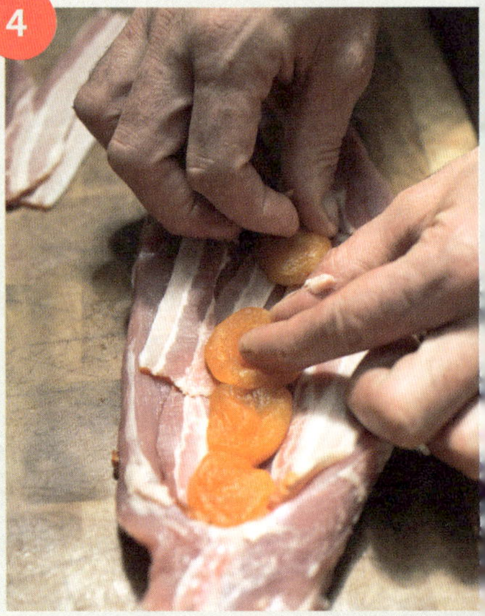

5

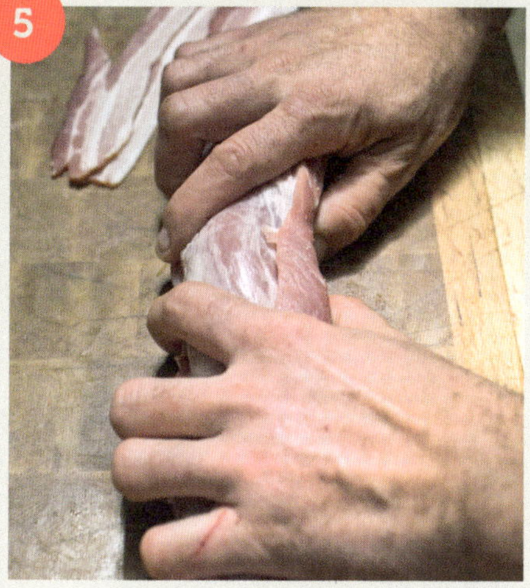

6

7

8

9

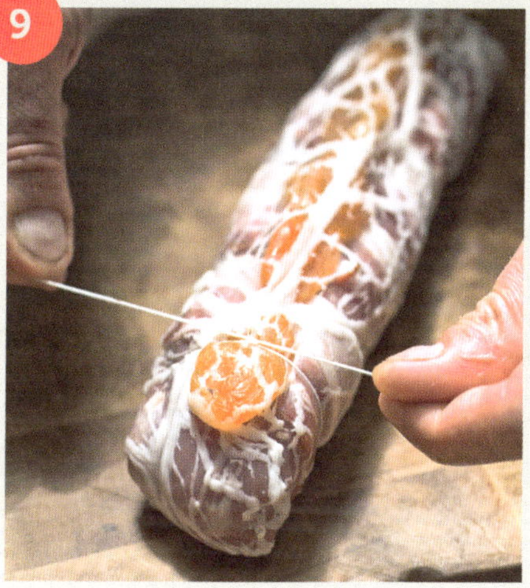

10

11

Filet mignon aux abricots secs et poitrine fumée

Vous vous régalerez en accompagnant ce plat d'un verre de côtes-du-rhône blanc, comme un saint-joseph par exemple.

préparation
35 minutes

cuisson
1 h 35

ingrédients
pour 4 personnes

- 10 échalotes
- 3 cuillerées à soupe d'huile d'olive
- 1 gros filet mignon
- 10 tranches fines de poitrine fumée
- 12 à 14 abricots secs
- 1 crépine
- 15 cl de vin blanc
- 2 gousses d'ail
- sel et poivre

1 Épluchez les échalotes et coupez-les finement dans le sens de la longueur. Mettez-les dans un plat allant au four avec 2 cuillerées à soupe d'huile d'olive, 2 cuillerées à soupe d'eau, du sel et du poivre, et enfournez-les pour environ 1 heure à 150 °C (th. 5).

2 Posez le filet mignon sur le plan de travail. Ouvrez-le en deux sans le couper entièrement et en laissant les extrémités fermées.

3 Posez dans la fente du filet 6 tranches de poitrine fumée deux par deux dans le sens de la longueur puis ajoutez 6 ou 7 abricots. Refermez le filet mignon, entourez-le de 4 tranches de poitrine fumée et posez dessus les abricots restants.

4 Faites tremper la crépine dans un bol d'eau pendant 5 minutes puis égouttez-la. Entourez le filet de crépine avant de le ficeler comme un rôti.

5 Versez dans une cocotte le vin blanc et l'huile d'olive restante, ajoutez l'ail en chemise, le filet mignon, du sel et du poivre et faites-le cuire pendant 35 minutes en le retournant de temps en temps.

6 Servez le filet mignon aux abricots avec les échalotes confites.

Pieds de porc au bouillon et snackés

Du temps, du travail… Mais, au final, une entrée des plus remarquables.

préparation
30 minutes

cuisson
3 h 5

réfrigération
12 heures

ingrédients
pour 4 personnes

- 6 pieds de porc crus
- 1 oignon
- 2 clous de girofle
- 2 carottes
- 1 branche de céleri
- 8 grains de poivre
- 8 graines de coriandre
- 5 tiges de persil
- 1 pincée de noix muscade
- 1 feuille de laurier
- 1 branche de thym
- 2 cuillerées à soupe d'huile d'olive
- sel, poivre du moulin

1 Lavez les pieds de porc, mettez-les dans une grande casserole, recouvrez-les généreusement d'eau froide puis portez à ébullition.

2 Épluchez l'oignon et piquez-le avec les clous de girofle. Pelez les carottes et coupez-les en deux. Lavez la branche de céleri. Mettez le tout dans la casserole avec le poivre en grains, la coriandre, le persil, la muscade, le laurier, le thym, du sel et du poivre du moulin, et laissez cuire pendant 3 heures sur feu moyen à doux.

3 Laissez les pieds de porc refroidir dans le bouillon.

4 Désossez les pieds de porc refroidis et mettez la chair dans une terrine rectangulaire pas trop grande. Appuyez bien pour tasser la viande. Versez un peu de liquide de cuisson dans la terrine, juste pour effleurer le dessus de la viande, puis placez au réfrigérateur pendant au moins 12 heures.

5 Au moment de servir, coupez la terrine en tranches, puis faites chauffer l'huile dans une poêle ou sur une plancha bien chaude et laissez-y cuire les tranches de pied de porc pendant 2 minutes de chaque côté.

6 Servez les tranches de pied de porc bien chaudes accompagnées d'une salade de mesclun aux herbes.

Rillettes de porc

Ces rillettes se conservent pendant 1 semaine au réfrigérateur. Pensez à bien couvrir la terrine pour éviter qu'elles ne se dessèchent.

préparation
25 minutes

cuisson
3 heures

réfrigération
6 heures

ingrédients
pour 4 personnes

- 750 g d'échine de porc
- 300 g de poitrine de porc fraîche
- 1 oignon
- 2 gousses d'ail
- 3 clous de girofle
- 2 feuilles de laurier
- 2 branches de thym
- 1 pincée de noix muscade
- 4 brins de persil
- sel et poivre

1 Coupez les deux viandes en gros cubes. Épluchez l'oignon et l'ail. Piquez l'oignon avec les clous de girofle.

2 Mettez la viande dans une grande casserole avec les gousses d'ail, l'oignon, le laurier, le thym, la muscade, le persil, du sel et du poivre. Couvrez le tout d'eau froide et portez à ébullition. Baissez le feu et laissez cuire pendant 3 heures à petits frémissements ; il ne doit plus rester d'eau dans la casserole.

3 Laissez la viande refroidir puis émiettez-la avec une fourchette. Mettez-la dans une terrine, ajoutez un peu de liquide de cuisson et placez-la au réfrigérateur pendant au moins 6 heures avant de la déguster.

4 Servez les rillettes accompagnées de cornichons et d'oignons au vinaigre.

Rouelle braisée en cocotte et vin blanc

Un plat convivial à déguster de préférence l'hiver entre amis.

préparation
25 minutes

cuisson
1 h 30

ingrédients
pour 4 personnes

- 2 oignons
- 2 gousses d'ail
- 8 carottes
- 8 tiges de céleri-branche
- 1 kg de rouelle de porc
- 2 cuillerées à soupe d'huile d'olive
- 1 cuillerée à soupe de vinaigre de vin rouge
- 20 cl de vin blanc sec
- 20 cl de fond de veau
- sel et poivre

1 Épluchez les oignons et l'ail. Coupez les oignons en fines demi-rondelles et hachez l'ail. Pelez les carottes et coupez-les en gros tronçons biseautés. Lavez le céleri, retirez les fils et coupez chaque tige en 3 ou 4 morceaux.

2 Faites revenir la viande dans une cocotte avec 1 cuillerée à soupe d'huile d'olive afin de la colorer. Retirez la viande, versez l'huile restante, ajoutez les oignons et l'ail et faites-les revenir en remuant régulièrement pendant 5 minutes. Ajoutez le vinaigre et remuez pendant 1 minute. Remettez la viande ; versez le vin, le fond de veau, salez et poivrez. Portez à ébullition, puis baissez le feu et laissez cuire à couvert pendant 30 minutes.

3 Ajoutez les carottes, poursuivez la cuisson pendant 30 minutes, ajoutez le céleri et laissez cuire encore pendant 15 minutes.

4 Servez la rouelle accompagnée de ses légumes de cuisson.

Rouelle cuite au lait et laurier

La cuisson au lait rend la rouelle vraiment moelleuse et donne une délicieuse sauce un peu caramélisée. N'oubliez surtout pas de mixer la sauce pour la rendre onctueuse !

préparation
10 minutes

cuisson
1 h 40

ingrédients
pour 4 personnes

- 5 gousses d'ail
- 1,2 kg de rouelle de porc
- 2 cuillerées à soupe d'huile d'olive
- 1 bouillon cube de volaille
- 1 branche de thym
- 3 feuilles de laurier
- 2 litres de lait entier
- sel et poivre

1 Épluchez l'ail et dégermez-le. Faites dorer la viande dans une cocotte avec l'huile d'olive pendant 10 minutes puis ajoutez l'ail, le bouillon cube, le thym, le laurier, le lait, du sel, du poivre et laissez cuire à feu doux pendant 1 h 30 en retournant la viande de temps en temps afin qu'elle n'attache pas.

2 Lorsque la viande est cuite, retirez-la de la cocotte et coupez-la en tranches.

3 Versez le jus de cuisson sans le laurier ni le thym dans le bol du mixeur et mixez longuement afin d'obtenir une sauce onctueuse.

4 Servez la rouelle accompagnée de sauce et de pâtes fraîches.

Salade de pied de porc aux échalotes et au persil

Aucune difficulté dans cette recette, plaisir assuré et porte-monnaie protégé !

préparation
30 minutes

pas de cuisson

marinade
30 minutes

ingrédients
pour 4 personnes

- 1 cuillerée à soupe de moutarde
- 2 cuillerées à soupe de vinaigre de vin blanc
- 2 cuillerées à soupe d'huile d'arachide
- 2 cuillerées à soupe d'huile de sésame
- 2 tomates vertes
- 1 tomate rouge
- 1 oignon doux
- 2 pieds de porc cuits
- 6 brins de persil
- sel et poivre

1 Mettez la moutarde, du sel, du poivre dans un bol puis incorporez peu à peu le vinaigre, et les huiles. Réservez.

2 Lavez les tomates, essuyez-les puis coupez-les en très fines rondelles. Épluchez l'oignon et coupez-le en très fines demi-rondelles.

3 Détachez la viande des pieds de porc et coupez-la en grosses lamelles. Mettez-la dans un saladier puis versez la vinaigrette dessus. Mélangez et laissez mariner pendant 30 minutes.

4 Ajoutez dans le saladier les tomates en rondelles, l'oignon, le persil lavé et haché, mélangez bien et servez aussitôt.

À savoir

Si vous préférez cuire les pieds de porc, reportez-vous à la recette du pied de porc au bouillon et snacké (p. 144).

Sauté de porc aux marrons et aux pruneaux

Si vous aimez particulièrement le sucré-salé, vous pouvez remplacer les pruneaux par des dattes.

préparation
10 minutes

cuisson
55 minutes

ingrédients
pour 4 personnes

- 800 g de filet mignon de porc
- 3 échalotes
- 1 cuillerée à soupe d'huile d'olive
- 130 g de lardons fumés
- 20 cl de vin blanc
- 300 g de pruneaux dénoyautés
- 300 g de marrons au naturel
- sel et poivre

1 Coupez le filet mignon en grosses tranches. Épluchez et hachez les échalotes.

2 Versez l'huile dans une cocotte et faites-y revenir les lardons et les échalotes pendant 5 minutes en remuant souvent. Retirez les lardons et les échalotes et faites dorer la viande de tous côtés pendant 10 minutes.

3 Remettez les lardons et les échalotes dans la cocotte, ajoutez le vin blanc, du sel, du poivre, ½ verre d'eau et les pruneaux, couvrez puis laissez cuire pendant 25 minutes à feu doux. Ajoutez les marrons et laissez cuire pendant 15 minutes.

4 Servez bien chaud.

Sukiyaki

Vous connaissez la fondue bourguignonne, épatez vos convives en leur proposant une fondue à la mode japonaise.

préparation
40 minutes

cuisson
3 minutes

ingrédients
pour 4 personnes

- 600 g d'échine de porc
- 2 petits poireaux
- ½ chou chinois
- 150 g de champignons shiitakes
- 100 g de petites feuilles d'épinard
- 1 botte d'oignons blancs avec leurs tiges
- 1 bloc de tofu
- 10 cl de sauce soja
- 10 cl de bouillon au wakame (ou soupe miso)
- 1 cuillerée à soupe de mirin (vin doux utilisé comme condiment)
- 2 cuillerées à soupe de sucre
- 4 œufs
- poivre

1 Mettez la viande au congélateur pour la raidir un peu afin de pouvoir la couper en tranches bien fines.

2 Nettoyez les poireaux et coupez-les en tronçons d'environ 4 cm de long. Nettoyez le chou chinois et coupez-le en grosses lamelles. Essuyez les champignons et coupez-les en deux ou en quatre selon leur taille. Lavez les épinards et essorez-les. Nettoyez les petits oignons en laissant 5 cm de queue verte. Coupez le tofu en cubes.

3 Coupez la viande en tranches fines.

4 Versez la sauce soja, le bouillon, le mirin et le sucre dans une casserole ou un poêlon à fondue, poivrez et mélangez bien afin de dissoudre le sucre.

5 Placez le réchaud sur la table et mettez le poêlon à chauffer. Disposez les légumes et la viande sur la table. Devant chaque personne, cassez un œuf dans un bol.

6 Au moment de passer à table, mettez la viande et les légumes dans la sauce très chaude, couvrez et laissez cuire pendant 3 minutes. Chacun prend, à l'aide de baguettes, de la viande ou des légumes et les trempe dans l'œuf battu.

Terrine de campagne

Cette terrine de campagne peut être servie aussi bien en entrée lors d'un repas classique que dégustée en casse-croûte.

préparation
30 minutes

cuisson
2 heures

réfrigération
24 heures

ingrédients
pour 4 personnes

- 300 g de foies de volaille
- 400 g de gorge de porc
- 300 g de poitrine de porc
- 1 grosse échalote
- 1 bouquet de persil
- 1 crépine
- 12 g de gros sel
- 2 g de poivre noir
- 12 cl de porto rouge
- 1 feuille de laurier

1 Nettoyez les foies de volaille. Coupez la gorge et la poitrine en cubes. Épluchez l'échalote. Lavez et essorez le persil.

2 Hachez les viandes, l'échalote et le persil à l'aide d'un hachoir à viande.

3 Faites tremper la crépine pendant 5 minutes dans de l'eau froide.

4 Placez la viande hachée dans un saladier, ajoutez le gros sel, le poivre, le porto et mélangez bien.

5 Essorez la crépine et placez-la dans une terrine de 1 kg en la laissant déborder des deux côtés. Mettez la viande dans la terrine et tassez un peu. Posez la feuille de laurier sur la viande et rabattez la crépine sur le tout.

6 Mettez le couvercle sur la terrine et faites-la cuire au four à 150 °C (th. 5) au bain-marie pendant 2 heures.

7 Laissez la terrine refroidir puis placez-la au réfrigérateur au moins pendant 24 heures avant de la servir avec des cornichons et du pain de campagne.

Travers rôtis et laqués

Pour réussir cette recette asiatique, il est très important de bien imprégner la viande de marinade.

préparation
15 minutes

cuisson
de 40 à 50 minutes

marinade
4 heures

ingrédients
pour 4 personnes

- 1,2 kg de travers de porc
- 2 gousses d'ail
- 3 cuillerées à soupe de sauce soja
- 3 cuillerées à soupe de miel
- 1 cuillerée à soupe de vinaigre de vin blanc
- 1 cuillerée à soupe de vinaigre balsamique
- 1 cuillerée à soupe de ketchup
- sel et poivre

1 Coupez chaque travers en 2 ou 3 morceaux. Mettez-les dans un grand plat creux allant au four, sans les superposer.

2 Épluchez l'ail et hachez-le finement. Mélangez soigneusement tous les ingrédients de la marinade dans un bol. Salez peu et poivrez bien.

3 Versez la marinade sur la viande, retournez celle-ci plusieurs fois afin qu'elle s'imbibe puis laissez mariner à température ambiante pendant 4 heures, en retournant la viande deux ou trois fois.

4 Préchauffez le four à 210 °C (th. 7) pendant 15 minutes.

5 Faites cuire la viande avec sa marinade pendant 40 minutes, en la retournant au moins une fois pendant la cuisson. Si la viande n'est pas assez dorée, faites-la cuire 10 minutes de plus à 240 °C (th. 8).

6 Servez avec de la semoule.

Le veau

La viande de veau

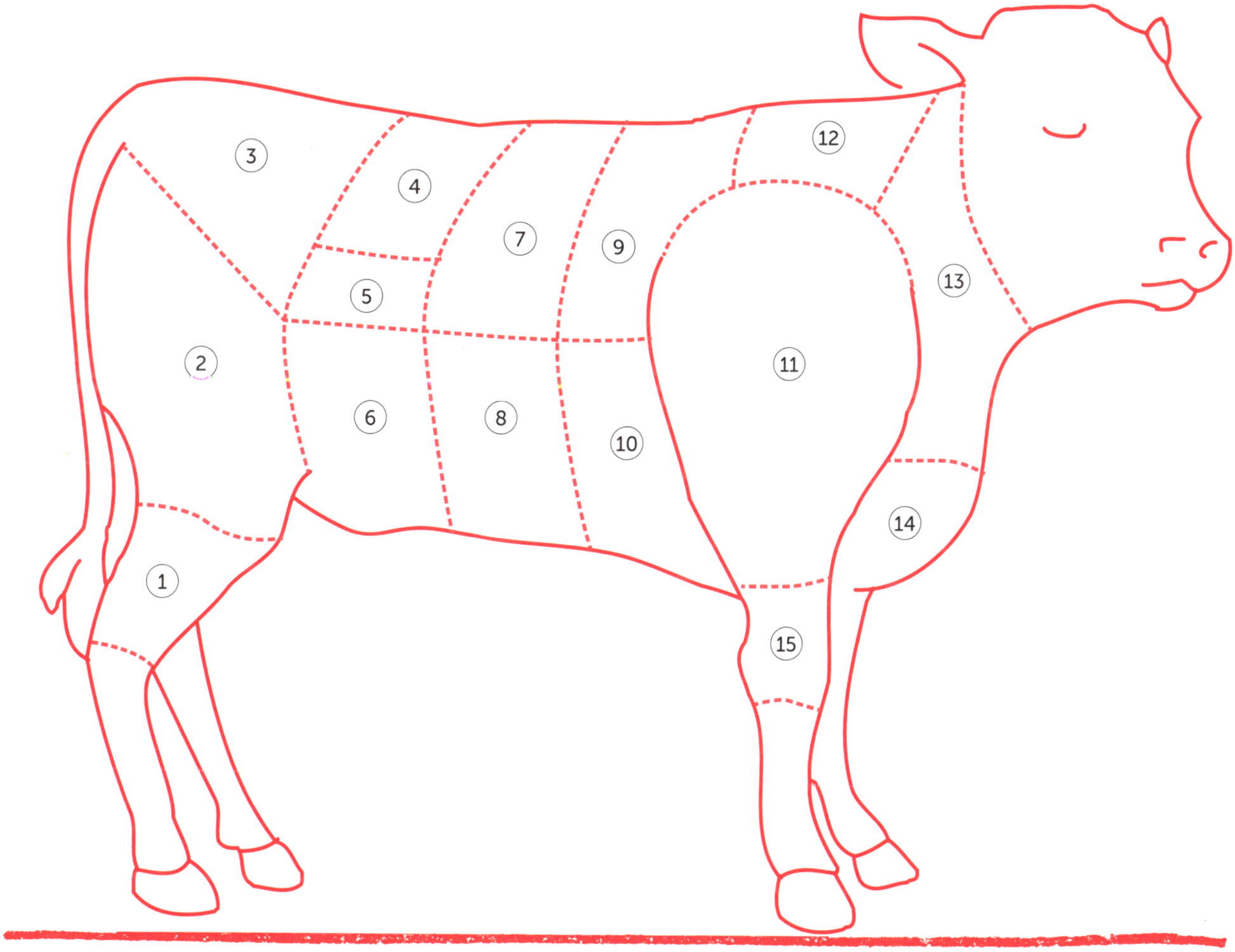

1 Jarret
2 Noix, sous-noix et noix pâtissière
3 Quasi
4 Longe et côte filet
5 Filet
6 Flanchet
7 Côtes premières
8 Tendron
9 Côtes secondes
10 Poitrine
11 Épaule
12 Côte découverte
13 Collier
14 Poitrine
15 Jarret

Collier sauté aux olives

Les olives Taggiasche apportent à ce plat une saveur douce et fruitée.

préparation
10 minutes

cuisson
environ 40 minutes

ingrédients

pour 4 personnes

- 800 g de collier de veau coupé en cubes
- 1 cuillerée à soupe de farine
- 2 cuillerées à soupe d'huile d'olive
- 1 branche de thym
- 2 gousses d'ail
- 30 cl de vin blanc
- 60 cl de jus de veau
- 30 cl de crème fraîche
- 200 g d'olives vertes Taggiasche (de préférence)
- sel et poivre

1 Farinez légèrement les morceaux de viande. Faites chauffer l'huile dans une cocotte avec le thym et l'ail en chemise, ajoutez les cubes de viande et faites-les revenir pendant 10 minutes afin qu'ils soient bien colorés sur toutes les faces.

2 Ajoutez le vin blanc et laissez-le réduire environ de moitié à feu vif. Ajoutez le jus de veau et laissez-le également réduire de moitié. Ajoutez la crème fraîche et remuez bien avec une cuillère en bois. Ajoutez les olives bien égouttées, rectifiez l'assaisonnement si nécessaire et laissez cuire, sans bouillir, pendant 5 minutes.

3 Servez aussitôt.

Côtes de veau cuites à basse température

La cuisson à basse température, de plus en plus utilisée par les grands chefs, rend la viande beaucoup plus moelleuse.

préparation
10 minutes

cuisson
de 45 à 55 minutes

ingrédients
pour 4 personnes

- 3 cuillerées à soupe d'huile d'olive
- 4 gousses d'ail
- 1 branche de thym
- 2 belles côtes de veau
- 500 g de cèpes
- sel et poivre

1 Préchauffez le four à 130 °C (th. 4-5).

2 Faites chauffer 1 cuillerée à soupe d'huile dans une poêle avec 2 gousses d'ail en chemise et le thym. Ajoutez les côtes de veau et faites-les dorer des deux côtés pendant 20 minutes.

3 Mettez les côtes de veau dans un plat allant au four et faites-les cuire de 25 à 35 minutes selon l'épaisseur des côtes.

4 Quinze minutes avant la fin de la cuisson, nettoyez les cèpes et coupez-les en deux ou en quatre selon leur taille. Faites chauffer l'huile restante dans une poêle avec les 2 dernières gousses d'ail, épluchées mais entières. Quand l'huile est bien chaude, faites sauter les cèpes pendant 10 minutes à feu moyen en remuant souvent.

5 Servez les côtes accompagnées des cèpes poêlés.

Côtes de veau normandes

Cette recette est très savoureuse avec de la vraie crème fraîche de Normandie, mais vous pouvez utiliser une crème allégée.

préparation
10 minutes

cuisson
22 minutes

ingrédients
pour 4 personnes

- 3 pommes à cuire
- 80 g de beurre
- 2 cuillerées à soupe de sucre
- 2 grosses côtes de veau
- 1 cuillerée à soupe de farine
- 2 cuillerées à soupe de calvados
- 4 cuillerées à soupe de crème fraîche
- 1 grosse cuillerée à café de moutarde
- sel et poivre du moulin

1 Épluchez les pommes, épépinez-les puis coupez-les en 6 quartiers.

2 Faites chauffer 50 g de beurre dans une poêle sans le laisser noircir, ajoutez les pommes, faites-les dorer des deux côtés puis ajoutez le sucre. Baissez le feu et laissez les pommes caraméliser à feu très doux en les retournant souvent (comptez de 15 à 20 minutes).

3 Pendant ce temps, salez et poivrez les côtes de veau de chaque côté et farinez-les légèrement.

4 Faites chauffer dans une autre poêle le beurre restant sans le brûler, ajoutez les côtes de veau et laissez-les cuire à feu moyen de 8 à 10 minutes de chaque côté suivant l'épaisseur de la viande. Arrosez les côtes de calvados et faites flamber.

5 Réservez les côtes de veau au chaud. Versez dans la poêle la crème fraîche afin de déglacer les sucs de cuisson, ajoutez la moutarde, mélangez bien et laissez bouillir un instant. Rectifiez l'assaisonnement si nécessaire, puis versez la sauce sur la viande.

6 Servez aussitôt avec les pommes caramélisées.

Escalopes farcies à l'italienne et panées

La cuisson des escalopes est très importante. Elles doivent cuire bien à plat dans la poêle, sans se chevaucher.

préparation
25 minutes

cuisson
10 minutes

ingrédients
pour 4 personnes

- 4 escalopes de veau un peu épaisses dans le rôti
- 1 boule de mozzarella
- 4 demi-tranches de jambon cru italien
- 2 cuillerées à soupe de farine
- 6 cuillerées à soupe de chapelure
- 1 œuf
- 2 cuillerées à soupe d'huile d'olive
- sel et poivre

1 Fendez les escalopes en portefeuille. Détaillez la mozzarella en 4 tranches, aplatissez-les légèrement, salez et poivrez.

2 Mettez une demi-tranche de jambon à l'intérieur des escalopes, puis une tranche de mozzarella. Salez et poivrez l'extérieur des escalopes.

3 Mettez la farine dans une assiette, la chapelure dans une autre et enfin l'œuf battu dans une troisième. Farinez les escalopes, passez-les dans l'œuf, puis enrobez-les de chapelure en appuyant avec la paume de la main pour bien faire adhérer la chapelure.

4 Chauffez l'huile dans une grande poêle et faites-y revenir les escalopes pendant 5 minutes de chaque côté.

5 Servez bien chaud accompagné de spaghetti ou de linguine.

Joues au bouillon puis poêlées

La cuisson au bouillon puis à la poêle permet d'obtenir une viande bien moelleuse à l'intérieur et croustillante à l'extérieur. C'est l'originalité de cette recette.

préparation
15 minutes

cuisson
1 h 25

ingrédients
pour 4 personnes

- 2 cm de gingembre frais
- 2 clous de girofle
- ½ bâton de cannelle
- 1 branche de thym
- 1 feuille de laurier
- 1 bâton de citronnelle
- 8 joues de veau
- 2 cuillerées à soupe d'huile d'olive
- sel et poivre

1 Versez 1,5 l d'eau dans une casserole. Pelez et coupez le gingembre en lamelles. Mettez le gingembre, les clous de girofle, la cannelle, le thym, le laurier et la citronnelle dans la casserole, salez, poivrez, portez à ébullition, ajoutez les joues de veau et laissez cuire à feu très doux pendant 1 h 15. Éteignez le feu et laissez refroidir les joues dans la casserole.

2 Égouttez la viande. Chauffez l'huile dans une grande poêle et faites-y revenir les joues à feu vif pendant 4 minutes de chaque côté : elles doivent être croustillantes.

3 Servez les joues avec une salade verte à l'échalote.

ATELIER
Le maki de veau

À VOUS DE JOUER !

1 Étalez 8 fines tranches de noix de veau, préalablement coupées à la trancheuse à jambon, sur du film alimentaire en les superposant légèrement.

2 Commencez à mettre les tranches de mozzarella.

3 Terminez de mettre les tranches de mozzarella burata sur le grand côté du rectangle, à un tiers de hauteur.

4 Posez la sucrine en petits quartiers sur la mozzarella burata puis disposez les tomates confites.

5 Recouvrez la mozzarella, les tomates, les sucrines de jambon San Daniele.

6 Roulez le maki sur-lui même un peu serré.

7 Entourez le maki de film alimentaire. Serrez bien les extrémités. Le maki est prêt à être réfrigéré.

8 Le maki est prêt à être consommé.

1

2

3

4

5

6

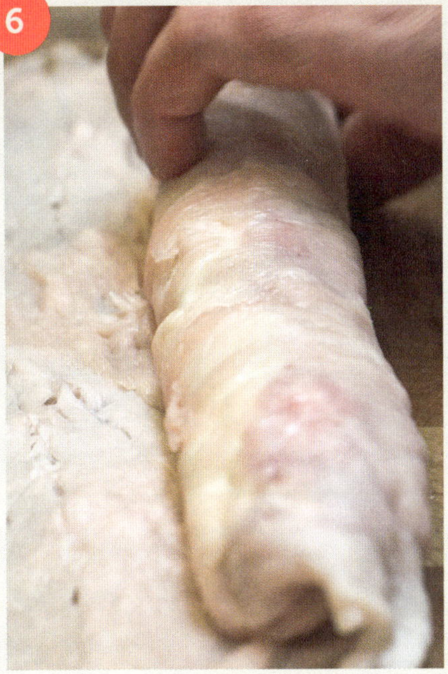

7

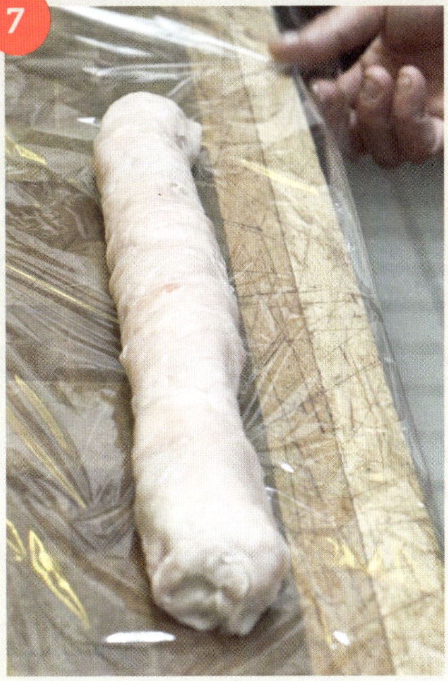

8

Le maki
est prêt à être
consommé

Maki de veau

Des influences italiennes et japonaises pour, au final, un plat 100 % français. À déguster sans modération.

préparation
15 minutes

pas de cuisson

réfrigération
1 heure

ingrédients
pour 4 personnes

- 8 tranches très fines d'escalope de noix de veau (coupées à la trancheuse à jambon)
- 1 boule de mozzarella burata
- 2 sucrines
- 9 ou 10 tomates séchées
- 2 tranches très fines de jambon San Daniele
- 3 cuillerées à soupe d'huile d'olive
- le jus d'1 citron vert
- poivre

1 Posez un grand morceau de film alimentaire sur le plan de travail. Disposez les escalopes les unes à côté des autres pour former un grand rectangle.

2 Coupez la mozzarella burata en ne gardant que l'extérieur et disposez-la sur un tiers de la viande, le long du grand côté.

3 Coupez chaque sucrine en 6 quartiers et posez-les sur la mozzarella burata. Disposez les tomates séchées sur la salade, poivrez et enfin couvrez avec le jambon.

4 Roulez les escalopes afin de former un boudin assez long, entourez-le de film alimentaire, serrez bien les extrémités, puis mettez-le au réfrigérateur au moins pendant 1 heure avant de servir.

5 Servez le maki arrosé d'huile d'olive et de jus de citron vert et accompagné d'une belle salade.

Noix pâtissière, sauce aux trompettes

Ce morceau de veau était traditionnellement utilisé par les pâtissiers qui en faisaient des quenelles pour leur vol-au-vent.

préparation
20 minutes

cuisson
1 h 30

ingrédients
pour 4 personnes

- 3 échalotes
- 2 oignons
- 2 tomates
- 4 tranches fines de poitrine
- 30 g de beurre
- 2 cuillerées à soupe d'huile d'olive
- 1 rôti de noix pâtissière
- 20 cl de vin blanc
- 40 g de trompettes-de-la-mort séchées
- sel et poivre

1 Épluchez les échalotes et les oignons, puis coupez-les en fines demi-rondelles.

2 Plongez les tomates pendant quelques secondes dans de l'eau bouillante puis pelez-les. Coupez les tranches de poitrine en petits dés.

3 Chauffez le beurre et l'huile dans une cocotte et faites-y dorer le rôti sur toutes ses faces. Réservez-le.

4 Dans la même cocotte, faites revenir les légumes et la poitrine pendant 20 minutes à feu très doux. Mouillez avec le vin blanc, remettez le rôti dans la cocotte et laissez cuire pendant 30 minutes à feu très doux, puis ajoutez les trompettes-de-la-mort et laissez cuire pendant 30 minutes encore.

5 Servez le rôti coupé en tranches et accompagné de la sauce aux trompettes.

Paleron braisé, légumes de saison

Encore moins connu que le paleron de bœuf, ce morceau de veau est une véritable découverte. Il faut y penser !

préparation
30 minutes

cuisson
1 h 45

ingrédients
pour 4 personnes

- 1 oignon
- 2 gousses d'ail
- 1 morceau de paleron de veau d'environ 800 g
- 2 cuillerées à soupe d'huile d'olive
- 30 cl de vin blanc sec
- ½ céleri-rave
- 4 carottes
- 2 petites betteraves
- sel et poivre

1 Épluchez l'oignon et l'ail. Coupez l'oignon en fines demi-rondelles, hachez l'ail.

2 Faites dorer le paleron dans l'huile sur toutes ses faces pendant 10 minutes dans une cocotte. Retirez la viande, mettez les oignons et l'ail dans la cocotte et faites-les revenir en remuant souvent. Remettez la viande, versez le vin blanc, salez, poivrez et laissez cuire pendant 45 minutes à feu très doux.

3 Pelez le céleri-rave, les carottes et les betteraves. Coupez les betteraves en quatre, les carottes en gros bâtons et le céleri-rave en morceaux égaux. Plongez les betteraves dans une casserole d'eau bouillante salée pendant 10 minutes, puis rafraîchissez-les.

4 Immergez le plus possible les légumes dans la cocotte, puis poursuivez la cuisson pendant 50 minutes encore.

5 Servez le paleron coupé en tranches accompagné des légumes et de la sauce.

Paleron de veau à l'orange

Pour corser la sauce aigre-douce, vous pouvez ajouter une pincée de piment ou de gingembre.

préparation
25 minutes

cuisson
1 h 50

ingrédients
pour 4 personnes

- 1 gros oignon
- 2 gousses d'ail
- 400 g de carottes
- 2 oranges
- 2 cuillerées à soupe d'huile d'olive
- 15 g de beurre
- 900 g de paleron de veau
- 1 litre de fond de veau
- 1 étoile de badiane
- 2 cuillerées à soupe de miel
- 1 cuillerée à soupe de concentré de tomate
- sel et poivre

1 Épluchez l'oignon et l'ail, émincez l'oignon, ciselez finement l'ail. Pelez les carottes et coupez-les en gros bâtons. Prélevez le zeste d'1 orange avec un économe, puis pressez les 2 fruits. Faites blanchir le zeste dans une casserole d'eau bouillante pendant 5 minutes.

2 Mettez l'huile et le beurre dans une cocotte et faites-y dorer le paleron pendant environ 10 minutes. Retirez le paleron, remplacez-le par les légumes et faites-les revenir à feu doux pendant environ 10 minutes en remuant souvent.

3 Remettez le paleron dans la cocotte, sur les légumes, versez le fond de veau et le jus d'orange, ajoutez la badiane, le miel, le concentré de tomate, le zeste, du sel et du poivre. Couvrez la cocotte, mettez-la au four et faites cuire pendant 1 h 30 à 150 °C (th. 5).

4 Servez le paleron à l'orange et aux carottes accompagné de pâte ou de riz.

Parmentier de joue de veau

Le classique hachis parmentier revu pour un plat original avec un morceau que l'on n'ose pas toujours cuisiner : la joue de veau.

préparation
35 minutes

cuisson
2 h 20

ingrédients
pour 4 personnes

- 1 petit poireau
- 1 oignon
- 2 clous de girofle
- 1 carotte
- 1 branche de céleri
- 1 branche de thym
- 1 feuille de laurier
- 5 grains de poivre
- 4 brins de persil
- 4 belles joues de veau
- 2 grosses échalotes
- 1 cuillerée à soupe d'huile d'olive
- 15 cl de jus de veau
- sel et poivre

pour la purée

- 800 g de pommes de terre à purée
- 250 g de beurre froid
- 10 cl de crème fraîche
- sel et poivre

1 Nettoyez le poireau et coupez-le en deux dans le sens de la longueur. Épluchez l'oignon et piquez-le avec les clous de girofle. Pelez la carotte et coupez-la en deux.

2 Versez 1,5 l d'eau dans une casserole et ajoutez-y la carotte, le poireau, l'oignon, le céleri, le thym, le laurier, le poivre et le persil. Portez à ébullition, puis baissez le feu et laissez cuire à feu doux pendant 30 minutes. Ajoutez les joues et laissez cuire encore pendant 40 minutes.

3 Pendant ce temps, préparez la purée. Faites cuire les pommes de terre dans de l''eau bouillante salée pendant environ 25 minutes. Coupez le beurre bien froid en cubes.

4 Quand les pommes de terre sont cuites, pelez-les, écrasez-les à la fourchette, ajoutez le beurre peu à peu puis incorporez la crème, du sel et du poivre.

5 Retirez la viande du bouillon et hachez-la grossièrement. Préchauffez le four à 210 °C (th. 7).

6 Épluchez les échalotes et ciselez-les finement. Chauffez l'huile dans une poêle, faites-y revenir les échalotes pendant 3 minutes puis ajoutez la viande et le jus de veau et laissez cuire doucement pendant 15 minutes. Disposez la viande dans 4 grands ramequins, couvrez de purée de pommes de terre puis faites cuire au four pendant 25 minutes.

7 Servez bien chaud accompagné de mesclun.

ATELIER

Le rôti de veau à l'italienne

LA PRÉPARATION DU BOUCHER

1. On épluche la boule d'escalope dans l'épaule.
2. On retire les aponévroses.
3. On coupe des escalopes pas trop fines.
4. On aplatit les escalopes.

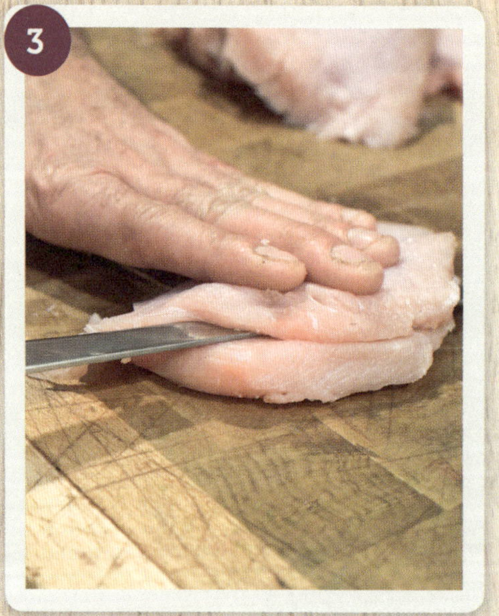

À VOUS DE JOUER !

1. Mettez 8 escalopes côte à côte afin de former un rectangle et posez dessus les tranches de jambon San Daniele.
2. Couvrez le jambon de rondelles de tomate.
3. Saupoudrez généreusement de parmesan râpé.
4. Roulez les escalopes afin de former un rôti.
5. Saupoudrez le dessus du rôti de parmesan.
6. Posez des rondelles de tomate sur le parmesan.
7. Entourez le rôti de crépine.
8. Entourez le rôti de barde.
9. Ficelez le rôti, il est prêt à cuire.

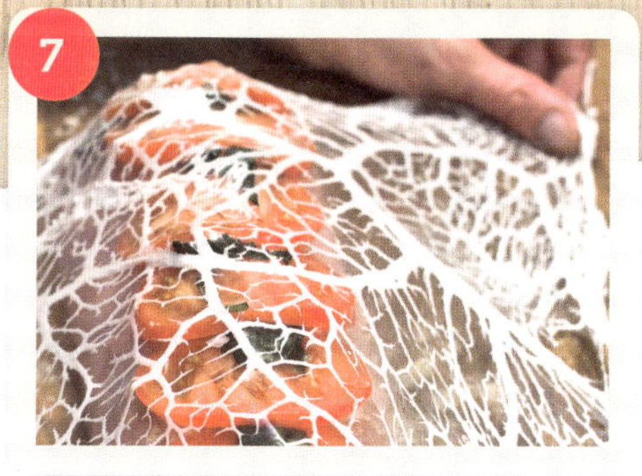

Le rôti est prêt à cuire

Rôti de veau à l'italienne

Pour un repas 100 % italien, accompagnez ce rôti de veau d'un verre de barolo.

préparation
40 minutes

cuisson
45 minutes

ingrédients
pour 4 personnes

- 5 tomates
- 3 échalotes
- 8 petites tranches d'escalope
- 4 fines tranches de jambon San Daniele
- 50 g de parmesan râpé
- quelques feuilles de sucrine
- 1 crépine
- de la barde
- 1 gros oignon
- 2 cuillerées à soupe d'huile d'olive
- 30 cl de vin blanc
- sel, poivre

1 Coupez 3 tomates en tranches fines. Épluchez et hachez finement les échalotes.

2 Posez sur le plan de travail les escalopes les unes à côté des autres en les superposant légèrement afin de former un rectangle, salez et poivrez. Sur un tiers du grand côté du rectangle, posez les tranches de jambon, ajoutez quelques tranches fines de tomate puis les échalotes ; recouvrez de la moitié du parmesan râpé puis de quelques feuilles de sucrine. Roulez les escalopes bien serrées afin d'obtenir un rôti. Saupoudrez le dessus du rôti de parmesan puis de tranches de tomate, salez et poivrez.

3 Faites tremper la crépine dans un bol d'eau froide pendant 5 minutes, puis essorez-la. Entourez le rôti de crépine, puis de barde. Ficelez avec de la ficelle de cuisine.

4 Préchauffez le four à 180 °C (th. 6).

5 Coupez les 2 tomates restantes en rondelles. Épluchez et coupez l'oignon en fines demi-rondelles.

6 Versez l'huile d'olive dans un plat allant au four et posez le rôti dessus. Ajoutez les tomates et les rondelles d'oignon. Versez le vin, puis faites cuire pendant 45 minutes.

7 Au sortir du four, coupez le rôti en tranches, mixez le jus de cuisson et servez le rôti accompagné de la sauce et de linguine.

Rôti savoyard

Pensez à cette recette pour un repas convivial pendant vos vacances aux sports d'hiver.

préparation
30 minutes

cuisson
1 heure

ingrédients
pour 4 personnes

- 3,5 tranches fines de jambon San Daniele
- 3 tomates
- 8 brins de ciboulette
- 1 crépine
- 8 petites escalopes d'environ 15 cm de large
- 1 cuillerée à café de moutarde
- 9 fines tranches d'emmental de la même taille que la viande
- 1 grand morceau de barde
- 2 cuillerées à soupe d'huile
- 10 cl de vin blanc
- 2 oignons
- poivre

1 Coupez 3 tranches de jambon en deux dans le sens de la largeur. Coupez 1 tomate en fines rondelles. Ciselez finement la ciboulette. Faites tremper la crépine pendant 5 minutes dans un bol d'eau froide puis essorez-la.

2 Étalez les escalopes sur le plan de travail les unes à côté des autres. Mettez une pointe de moutarde sur chaque escalope. Posez sur 7 escalopes 1 tranche d'emmental et ½ tranche de jambon et poivrez.

3 Commencez à monter le rôti en superposant les escalopes et en terminant par celle sans garniture. Préchauffez le four à 180 °C (th. 6).

4 Entourez le rôti de crépine puis de barde et ficelez-le. Posez les rondelles de tomate dessus ainsi que la ciboulette.

5 Mettez le rôti dans un plat allant au four avec l'huile, le vin blanc, les tomates restantes et les oignons épluchés et coupés en rondelles, et faites-le cuire pendant plus ou moins 1 heure suivant la taille du rôti.

6 Servez le rôti, coupé en tranches, accompagné de son jus de cuisson mixé et filtré et d'une purée carottes-pommes de terre.

Tartare de veau à l'huître et pomme granny

Le mélange des saveurs iodées et acidulées surprendra vos papilles.

préparation
20 minutes

pas de cuisson

ingrédients
pour 4 personnes

- 4 huîtres
- 700 g d'escalopes de veau
- 1 pomme granny
- le jus d'1 citron vert
- 3 cuillerées à soupe d'huile d'olive
- sel et poivre

1 Ouvrez les huîtres, puis laissez s'égoutter la chair de l'huître pendant 15 minutes.

2 Coupez, à l'aide d'un couteau bien aiguisé, la viande en petits cubes.

3 Coupez la pomme en quatre, retirez les pépins et le pédoncule et coupez-la en tout petits cubes, bien plus petits que la viande.

4 Coupez les huîtres en cubes de la même taille que le veau. Mettez la viande, la pomme et les huîtres dans un grand bol, versez le jus de citron vert, l'huile d'olive, du sel et du poivre et mélangez longuement.

5 Servez aussitôt accompagné d'une salade mélangée.

Tendron de veau gardiane

Cette recette a pour origine la Camargue et ses gardians. Elle a la particularité d'être cuite au vin blanc, contrairement au bœuf gardiane, qui se fait au vin rouge.

préparation
25 minutes

cuisson
1 h 30

ingrédients
pour 4 personnes

- 300 g de petits oignons nouveaux
- 250 g de petits champignons de Paris
- 3 gousses d'ail
- 4 cuillerées à soupe d'huile d'olive
- 8 tranches de tendron de veau
- 4 cuillerées à soupe de sauce tomate maison
- 1 branche de thym
- 20 cl de vin blanc
- 12 olives vertes et 12 olives noires dénoyautées
- sel et poivre

1 Épluchez les oignons en gardant un bout de tige. Lavez et émincez les champignons. Épluchez et hachez l'ail.

2 Mettez l'huile dans une cocotte et faites-y bien dorer la viande des deux côtés. Retirez la viande et faites revenir les petits oignons pendant 5 minutes à feu vif en remuant souvent. Ajoutez la sauce tomate, remettez la viande puis ajoutez l'ail, le thym, les champignons et le vin blanc. Salez et poivrez. Portez à ébullition, couvrez la cocotte et laissez cuire à feu très doux pendant environ 1 heure tout en remuant de temps à temps avec une cuillère en bois.

3 Ajoutez les olives et laissez cuire encore pendant 15 minutes.

4 Servez bien chaud accompagné de riz blanc ou de pommes de terre à la vapeur.

Tendron de veau mariné et grillé

Ce morceau de veau méconnu et peu cher est à découvrir car il est particulièrement goûteux.

préparation
10 minutes

cuisson
30 minutes

marinade
3 heures

ingrédients
pour 4 personnes

- 1 cuillerée à soupe d'huile d'amande douce
- le jus de 3 citrons (entre 10 et 12 cl)
- 60 g de miel liquide
- 1 cuillerée à café de thym effeuillé
- 8 tranches de tendron de veau pas trop épaisses
- sel et poivre du moulin

1 Mélangez l'huile, le jus des citrons, le miel et le thym dans un bol. Salez bien et poivrez.

2 Disposez les tendrons côte à côte dans un grand plat, arrosez-les uniformément de marinade et laissez-les reposer pendant 3 heures à température ambiante en les retournant plusieurs fois.

3 Égouttez les tendrons et faites-les cuire au barbecue ou bien sous le gril du four pendant 15 minutes de chaque côté. Pendant la cuisson, badigeonnez deux ou trois fois la viande de marinade.

4 Servez accompagné d'une salade de jeunes pousses aux herbes.

Tête de veau sauce gribiche

Rien de plus agréable que de concocter un authentique plat de bistrot qui a régalé de nombreuses générations.

préparation
35 minutes

cuisson
2 h 40

ingrédients
pour 6 personnes

- 1 tête de veau déjà prête
- 2 carottes
- 1 oignon
- 2 clous de girofle
- 1 branche de thym
- 1 feuille de laurier
- gros sel et poivre

pour la sauce gribiche

- 2 œufs
- 1 grosse cuillerée à soupe de moutarde
- 1 ½ cuillerée de vinaigre de vin rouge
- 15 cl d'huile d'arachide
- 9 cornichons
- 1 échalote
- 6 brins de persil
- 4 brins de cerfeuil
- 1 grosse cuillerée à soupe de câpres
- gros sel, sel et poivre

1 Mettez la tête de veau dans une grande casserole avec du gros sel. Recouvrez d'eau et portez à ébullition. Écumez pendant 5 minutes.

2 Épluchez les carottes et l'oignon. Piquez l'oignon avec les clous de girofle et coupez les carottes en deux. Mettez dans la casserole le tout, ajoutez le thym, le laurier et du poivre et laissez cuire à feu doux pendant 2h 30. Piquez avec un couteau la viande pour vérifier que la tête de veau est bien moelleuse.

3 Préparez la sauce gribiche. Faites cuire les œufs dans une casserole d'eau bouillante additionnée de vinaigre et de gros sel pendant 10 minutes. Rafraîchissez-les un grand bol d'eau froide puis écalez-les et séparez le blanc des jaunes.

4 Écrasez les jaunes avec la moutarde et le vinaigre, salez et poivrez. Versez peu à peu l'huile pour obtenir une mayonnaise.

5 Coupez les cornichons en petits cubes. Épluchez et hachez très finement l'échalote. Lavez, essorez et ciselez finement les herbes. Hachez les blancs d'œufs.

6 Ajoutez à la mayonnaise les cornichons, l'échalote, les herbes, les blancs d'œufs et les câpres. Mélangez délicatement.

7 Quand la tête de veau est cuite, coupez-la en tranches et servez-la accompagnée de sauce gribiche et de pommes de terre cuites à l'eau.

La volaille

La viande de volaille

Poulet

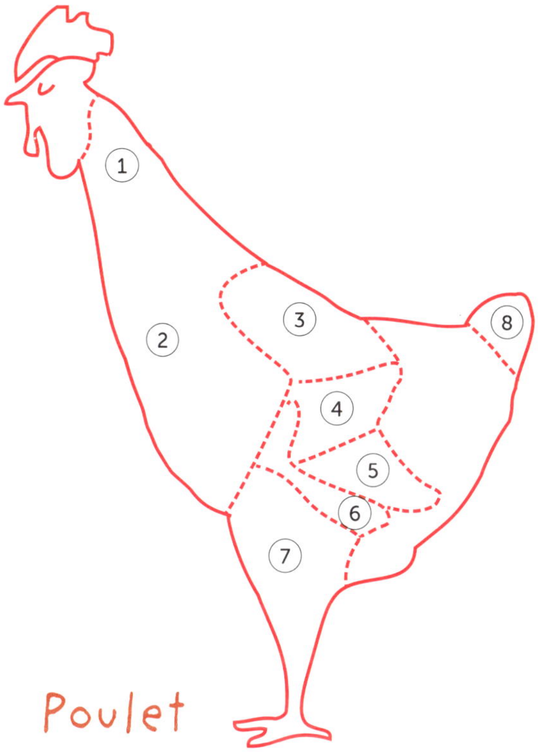

1 Cou
2 Poitrine : 2 filets
3 Blanquette
4 Médiane
5 Fouet
6 Haut de cuisse
7 Pilon
8 Croupion

Pintade

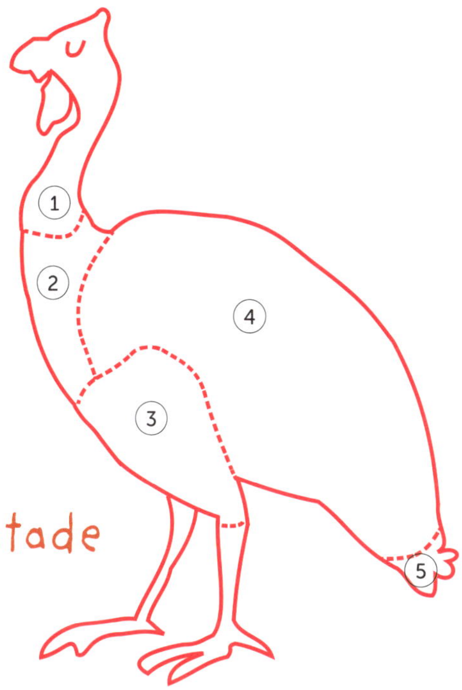

1 Cou
2 Poitrine
3 Cuisse
4 Ailes
5 Croupion

Pigeon

Canard

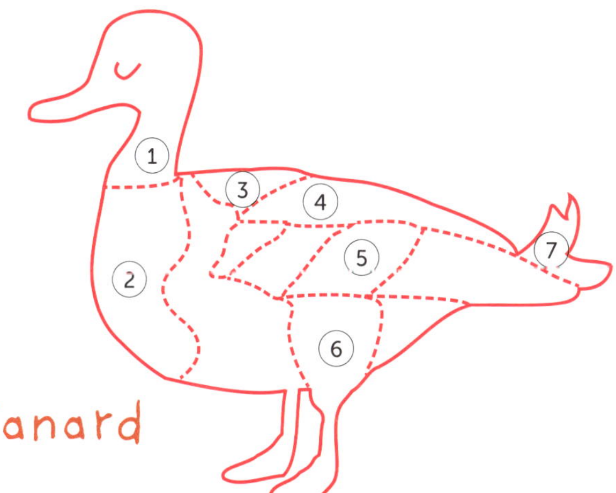

1 Cou
2 Filet
3 Manchon
4 Aileron
5 Fouet
6 Pilon
7 Croupion

Ailerons de poulet au bouillon

Une soupe consistante et raffinée pour les soirées d'hiver au coin du feu.

préparation
25 minutes

cuisson
de 1 h 20 à 1 h 35

ingrédients
pour 4 personnes

- 8 ailerons de poulet
- 1 cuillerée à soupe d'huile d'olive
- 2 carottes
- 2 poireaux
- 2 branches de céleri
- 1 oignon
- 1 bâton de citronnelle
- 1 petit bouquet d'herbes (persil, cerfeuil, ciboulette)
- 1 noix de beurre
- 1 feuille de laurier
- 1 branche de thym
- sel et poivre

1 Faites rôtir les ailerons de poulet avec l'huile d'olive dans un plat allant au four pendant 30 minutes à 180 °C (th. 6).

2 Pelez les carottes et coupez-les en petits cubes. Nettoyez les poireaux et coupez-les en fines demi-rondelles. Émincez le céleri. Épluchez l'oignon et hachez-le. Coupez la citronnelle en rondelles. Lavez les herbes et ciselez-les finement.

3 Faites revenir les légumes avec le beurre pendant 5 minutes dans une grande casserole. Ajoutez les ailerons de poulet, le laurier, le thym, la citronnelle et les herbes. Salez et poivrez.

4 Versez 1,5 l d'eau dans la casserole, portez à ébullition et faites cuire à feu doux de 45 minutes à 1 heure.

5 Servez le bouillon de légumes accompagné des ailerons de poulet.

Croustillant d'aileron de poulet à l'ail et au piment

Une recette toute simple, qui ne paie pas de mine, mais néanmoins délicieuse. Parfaite pour un dîner léger.

préparation
15 minutes

cuisson
20 minutes

repos
30 minutes

ingrédients
pour 4 personnes

- 12 ailerons de poulet
- le jus d'1 citron
- 4 gousses d'ail
- 12 brins de persil
- 4 cuillerées à soupe d'huile
- 1 grosse cuillerée à café de piment d'Espelette
- sel et poivre

1 Mettez les ailerons dans un saladier, arrosez-les de jus de citron, salez et poivrez. Mélangez bien et laissez reposer pendant 30 minutes.

2 Épluchez l'ail, coupez les gousses en deux dans le sens de la longueur et retirez le germe. Lavez et hachez grossièrement le persil.

3 Faites chauffer l'huile dans une grande poêle, ajoutez du sel et du poivre. Quand l'huile est bien chaude, mettez les ailerons de poulet dans la poêle et faites-les cuire à feu vif pendant 5 minutes, puis baissez le feu et laissez-les cuire encore 15 minutes en les retournant très souvent : les ailerons doivent être bien croustillants. Ajoutez les gousses d'ail à mi-cuisson.

4 Une minute avant la fin de la cuisson ajoutez le persil et le piment puis tournez plusieurs fois les ailerons.

5 Servez bien chaud avec une salade composée.

Canette aux navets

Ne vous lancez pas dans cette recette à n'importe quel moment de l'année, attendez le printemps et les navets nouveaux, la canette vous en remerciera !

préparation
15 minutes

cuisson
1 h 20

ingrédients
pour 4 personnes

- 2 grosses échalotes
- 600 g de jeunes navets
- 50 g de gras de canard
- 1 canette
- 15 cl de vin blanc
- 15 cl de bouillon de poule
- 1 bouquet garni
- sel et poivre

1 Épluchez les échalotes et hachez-les finement. Pelez les navets.

2 Faites fondre le gras de canard dans une grande cocotte. Ajoutez les échalotes et faites-les revenir pendant 5 minutes en remuant régulièrement, puis retirez-les avec une écumoire et faites dorer la canette sur toutes ses faces.

3 Remettez les échalotes dans la cocotte puis versez le vin et le bouillon. Salez, poivrez, ajoutez le bouquet garni et laissez cuire sur feu doux pendant 45 minutes. Aoutez les navets et prolongez la cuisson d'environ 30 minutes.

4 Servez la canette coupée en morceaux, accompagnée des navets et de la sauce filtrée.

Canette laquée

**Une canette digne d'un vrai cuisinier chinois.
Vous pouvez la déguster avec un verre de gigondas rosé.**

préparation
40 minutes

cuisson
de 1 h 40 à 1 h 50

réfrigération
8 heures

ingrédients
pour 4 personnes

- 1 canette
- 1 oignon
- 2 gousses d'ail
- 1 cuillerée à soupe bien pleine de cinq-épices
- 4 cuillerées à soupe de sauce soja
- 3 cuillerées à soupe de miel liquide
- 1 cuillerée à soupe de vinaigre, de riz de préférence
- 1 cuillerée à soupe de Maïzena®
- 1 cuillerée à café d'huile d'arachide
- 1 cuillerée à café de sel, poivre

1 Essuyez bien la canette à l'intérieur et à l'extérieur et laissez-la sécher dans un endroit ventilé.

2 Épluchez l'oignon et les gousses d'ail. Hachez-les le plus finement possible puis pilez-les afin d'obtenir une pâte. Mettez-la dans un bol, ajoutez le cinq-épices, la sauce soja, le miel, le vinaigre, la Maïzena® et le sel. Mélangez bien afin d'obtenir une pâte homogène.

3 À l'aide d'une fourchette, piquez l'ensemble de la canette, la chair et la peau, afin que la marinade pénètre bien. À l'aide d'un pinceau, badigeonnez la canette avec la marinade, aussi bien à l'intérieur qu'à l'extérieur. Réservez la marinade restante. Couvrez la canette de film alimentaire et laissez-la reposer au réfrigérateur pendant 8 heures.

4 Préchauffez le four à 150 °C (th. 5).

5 Versez l'huile dans un plat allant au four, posez la canette dessus et faites cuire de 1 h 40 à 1 h 50.

6 Après 1 heure de cuisson, badigeonnez la canette avec la marinade restante et répétez l'opération trois fois avant la fin de cuisson.

7 Servez la canette avec du riz blanc ou des nouilles asiatiques.

ATELIER
Les pigeons à l'ancienne

LA PRÉPARATION DU BOUCHER

1 On brûle les petites plumes de chaque pigeon à l'aide d'un chalumeau.

2 On retire les ailes et les pattes du pigeon.

3 On retire le cou du pigeon.

4 On coupe sous les filets du pigeon afin de pouvoir le vider.

5 On vide le pigeon puis on nettoie l'intérieur avec du papier absorbant.

6 On sale et poivre l'intérieur du pigeon.

7 On pique les ailes pour ficeler le pigeon avec une grande aiguille à brider et on enfile le fil.

8 On pique les pattes pour les attacher avec les ailes.

9 Le pigeon est prêt à cuire.

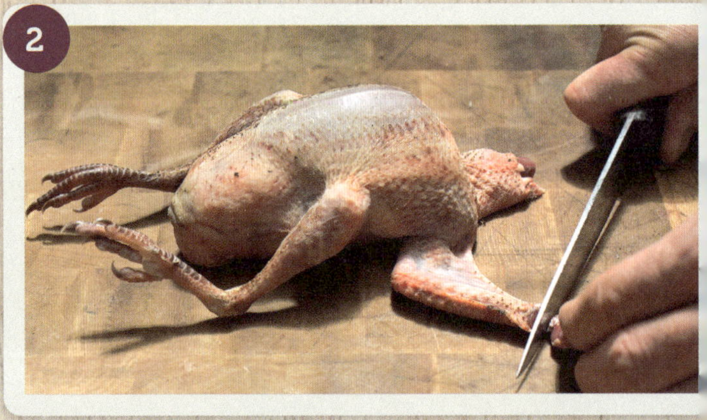

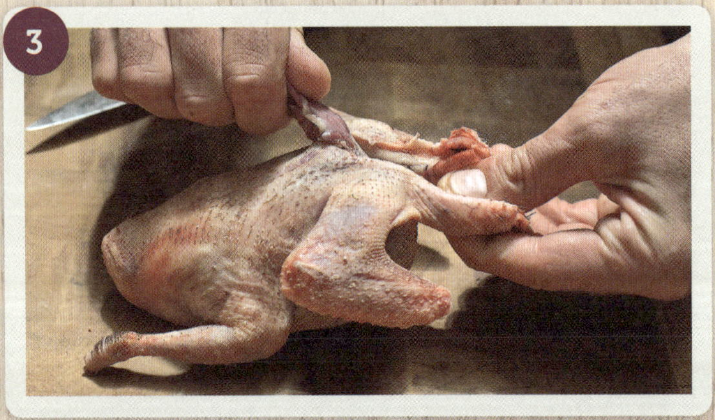

5

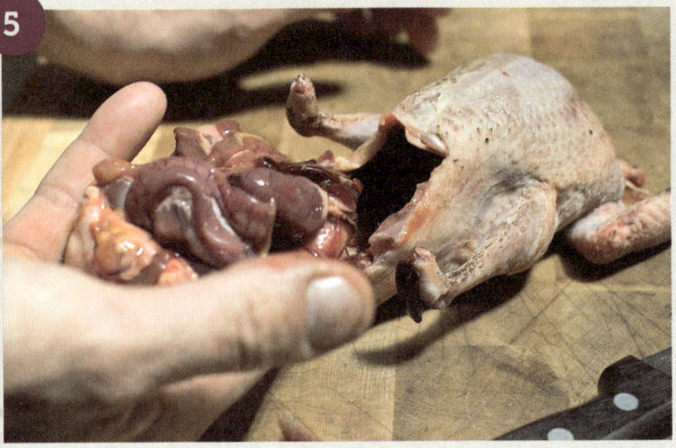

6

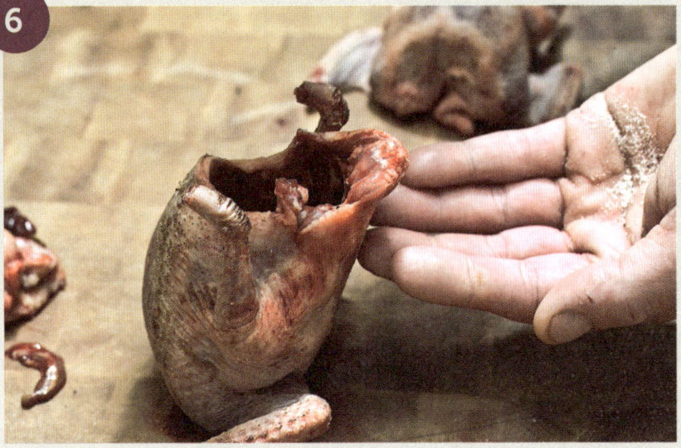

7

8

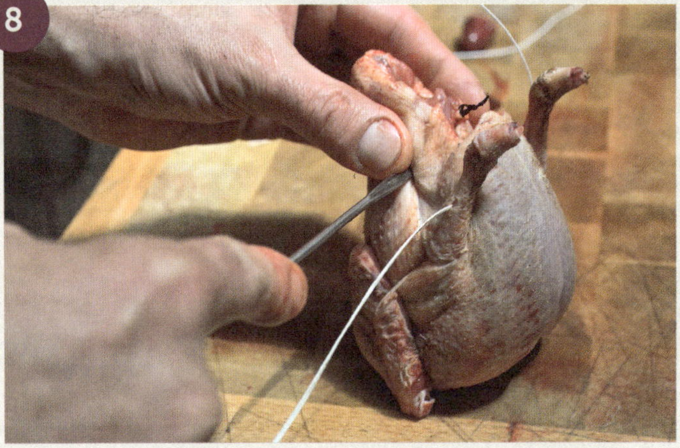

9

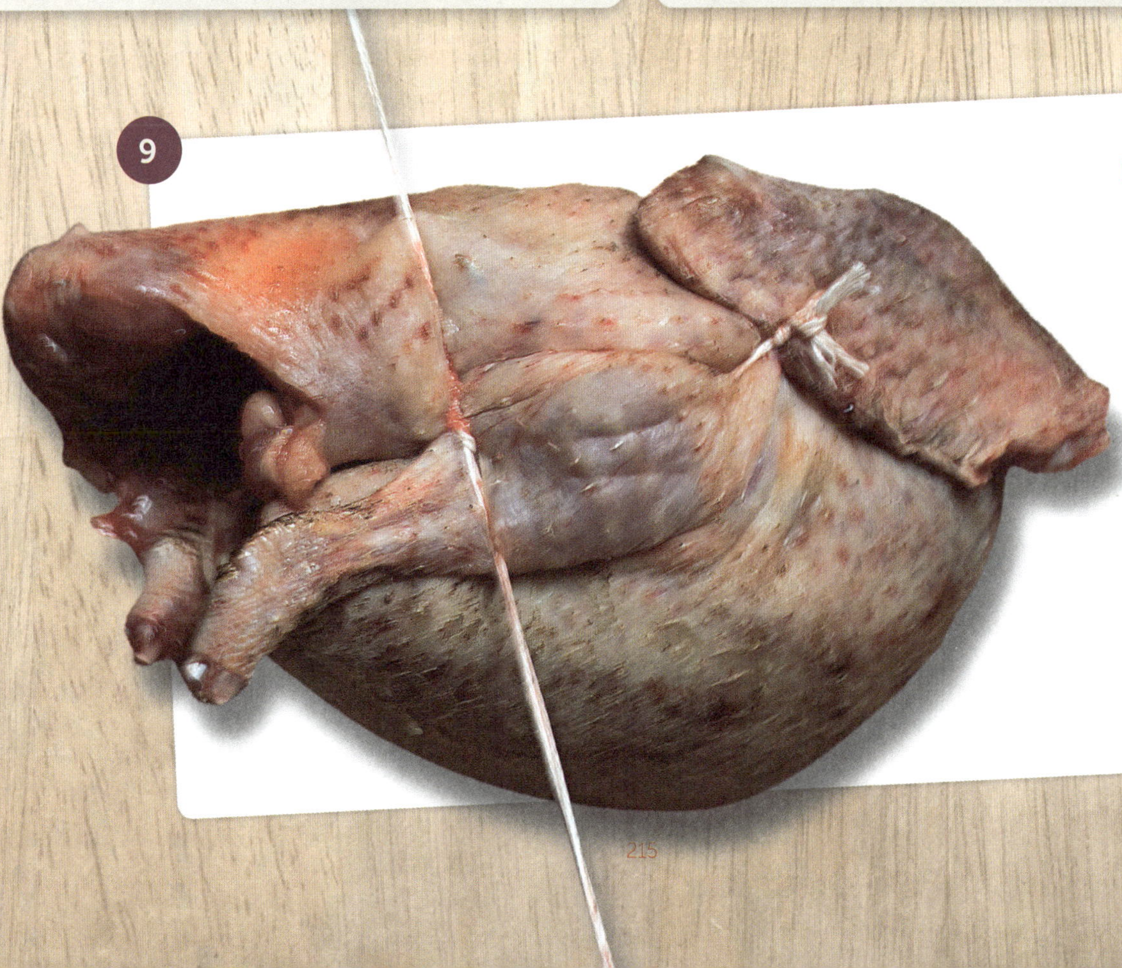

Le pigeon est prêt à cuire.

Pigeons à l'ancienne

Le pigeon dans toute sa simplicité, juste réhaussé par une sauce à la crème fraîche et aux abats. Un régal !

préparation
15 minutes

cuisson
30 minutes

ingrédients
pour 4 personnes

- 4 cuillerées à soupe d'huile d'olive
- 30 g de beurre
- 4 pigeons avec leurs abats
- 30 cl de crème fraîche
- sel et poivre

1 Préchauffez le four à 180 °C (th. 6).

2 Mettez 2 cuillerées à soupe d'huile d'olive et le beurre à chauffer dans une sauteuse. Faites-y dorer les pigeons pendant 10 minutes environ en les tournant sans arrêt.

3 Mettez les pigeons dans un plat allant au four, réservez les sucs de la sauteuse.

4 Salez et poivrez les pigeons et faites-les cuire pendant 17 minutes avec les abats et 1 cuillerée à soupe d'huile. Si vous n'aimez pas le pigeon saignant, poursuivez la cuisson pendant 3 minutes.

5 À la fin de la cuisson, réservez les pigeons dans un plat de service et couvrez-les de papier d'aluminium. Versez dans le bol d'un mixeur les abats et le jus de cuisson ainsi que les sucs de la sauteuse, mixez, ajoutez l'huile restante et la crème fraîche et mixez de nouveau. Versez cette sauce dans une casserole, salez, poivrez et faites réchauffer doucement.

6 Servez aussitôt avec, par exemple, une jardinière de légumes ou des pommes de terre en robe des champs.

Pigeons confits au beurre

Le beurre donne du moelleux aux pigeons tandis que les abricots leur confèrent une saveur sucrée.

préparation
10 minutes

cuisson
35 minutes

ingrédients
pour 4 personnes

- 250 g de beurre
- 3 cuillerées à soupe d'huile de tournesol
- 1 brin de thym
- 4 pigeons
- 300 g d'abricots secs moelleux
- sel et poivre

1 Faites fondre 100 g de beurre dans une cocotte avec l'huile et le thym puis faites-y revenir les pigeons ; salez et poivrez. Posez le couvercle de la cocotte et laissez cuire à feu doux pendant 30 minutes en retournant les pigeons de temps en temps.

2 Ajoutez les abricots secs, mélangez et laissez cuire encore pendant 5 minutes à couvert. Découvrez la cocotte, ajoutez le beurre restant, mélangez bien avec une cuillère en bois afin de bien recouvrir les pigeons de beurre.

3 Servez bien chaud avec des mini-pâtissons ou de la semoule de couscous aux abricots secs et aux amandes effilées.

Pintade à la crème

Un plat classique qui rencontrera toujours un grand succès grâce au moelleux de la pintade.

préparation
15 minutes

cuisson
50 minutes

ingrédients
pour 4 personnes

- 3 échalotes
- 20 g de beurre
- 1 cuillerée à soupe d'huile d'arachide
- 1 pintade coupée en morceaux
- 10 cl de bouillon de volaille
- 2 g de safran
- le jus d'½ citron
- 10 cl de crème fraîche
- sel et poivre

1 Épluchez et ciselez finement les échalotes.

2 Mettez le beurre et l'huile dans une cocotte et faites-y dorer les morceaux de pintade pendant 10 minutes. Retirez-les de la cocotte et faites-y revenir l'échalote pendant 3 minutes.

3 Remettez les morceaux de pintade dans la cocotte, ajoutez le bouillon de volaille et le safran. Mélangez bien et laissez cuire pendant 30 minutes à feu doux. Goûtez, salez et poivrez si nécessaire puis ajoutez le jus de citron et la crème. Mélangez et laissez cuire encore pendant 5 minutes à feu doux ; le liquide ne doit pas bouillir.

4 Servez la pintade accompagnée de tagliatelle.

Pintade cuite à basse température et chou vert

Une pintade au chou revisitée car elle est farcie de ce légume.

préparation
15 minutes

cuisson
3 h 15

ingrédients
pour 4 personnes

- 1 chou vert ou un chou de printemps
- 50 g de beurre
- 5 cuillerées à soupe d'huile d'olive
- 1 oignon
- 1 pintade
- 20 cl de vin blanc
- sel et poivre

1 Nettoyez le chou, lavez-le puis émincez-le finement.

2 Faites chauffer dans une sauteuse le beurre et 2 cuillerées à soupe d'huile et faites-y revenir le chou pendant 5 minutes en remuant puis baissez le feu au minimum et laissez cuire doucement à couvert pendant 1 heure.

3 Épluchez et émincez l'oignon.

4 Faites dorer la pintade, sauf les blancs, dans 1 ½ cuillerée à soupe d'huile. Posez la pintade dans un plat allant au four, salez, poivrez, ajoutez l'oignon et le restant d'huile, placez les deux tiers du chou dans le plat et le dernier tiers dans la cavité de la volaille, puis versez le vin blanc sur le chou.

5 Faites cuire au four de 2 heures à 2 h 15 à 130 °C (th. 4-5) en arrosant régulièrement la volaille.

Poularde de Bresse à l'ancienne

La poularde de Bresse est réputée pour sa chair particulièrement tendre, moelleuse et goûteuse.

préparation
10 minutes

cuisson
1 h 10

ingrédients
pour 4 personnes

- 1 poularde de Bresse
- 1 cuillerée à soupe d'huile d'olive
- 20 g de beurre
- 30 cl de bouillon de volaille
- 30 g de cèpes séchés ou 200 g de cèpes surgelés
- moutarde
- 30 cl de crème fraîche épaisse
- sel et poivre

1 Demandez à votre boucher de lever les deux blancs de la volaille en suprême ainsi que les deux cuisses.

2 Faites chauffer l'huile et le beurre dans une sauteuse et faites-y dorer les cuisses et les blancs. Réservez-les.

3 Versez le bouillon de volaille dans la sauteuse et raclez bien les sucs. Remettez les cuisses dans le bouillon ; faites cuire pendant 20 minutes avant d'ajouter les suprêmes et les cèpes. Salez, poivrez, laissez cuire encore pendant 30 minutes à feu doux.

4 Retirez les morceaux de volaille de la sauteuse. Déglacez la sauteuse avec une pointe de moutarde et incorporez la crème fraîche.Portez la crème deux fois à ébullition puis ajoutez la volaille. Laissez cuire à feu doux pendant 10 minutes.

5 Servez bien chaud accompagné de haricots verts.

ATELIER

La poularde de Bresse farcie sous peau

LA PRÉPARATION DU BOUCHER

1 On brûle les petites plumes de la poularde à l'aide d'un chalumeau.

2 On pique le tendon des pâtes avec un crochet.

3 On tire le tendon afin de le retirer.

1

2

3

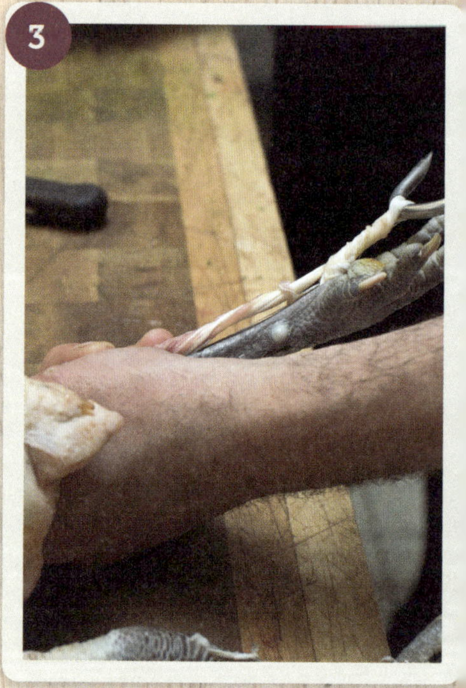

À VOUS DE JOUER !

1 Passez vos doigts huilés entre la peau et la chair de la volaille avec afin de décoller la peau.

2 Glissez délicatement le beurre d'herbes entre la peau et la chair de la volaille.

3 Bridez la poularde.

4 La poularde est prête à cuire.

1

2

3

4

La poularde est prête à cuire

Poularde de Bresse farcie sous peau

Originale et succulente, cette recette sera un grand succès, à condition de farcir la poularde avec beaucoup de délicatesse.

préparation
35 minutes

cuisson
2 h 15

ingrédients
pour 4 personnes

- 10 brins de persil
- 5 brins d'estragon
- 5 brins de cerfeuil
- 6 jeunes tiges d'oignons nouveaux
- 4 feuilles de céleri-branche
- 150 g de beurre demi-sel mou
- 1 poularde de Bresse
- 1 cuillerée à soupe d'huile d'olive
- sel et poivre

1 Hachez finement toutes les herbes. Mettez-les dans un grand bol avec le beurre, du poivre et un peu de sel. Malaxez longuement afin de bien mélanger le beurre et les herbes.

2 Salez et poivrez l'intérieur de la volaille.

3 Huilez légèrement vos mains et passez-les entre la peau et la chair de la poularde afin de bien décoller la peau sans l'abîmer ni la casser. Allez jusqu'au bout des blancs. Décollez aussi la peau des cuisses, puis glissez du beurre d'herbes sous la peau des blancs et des cuisses.

4 Bridez la poularde avec de la ficelle de cuisine puis faites-la cuire au four à 130 °C (th. 4-5) avec l'huile d'olive pendant 2 h 15.

Poularde du Patis au fenouil et légumes-racines

La poularde du Patis est une volaille plus lourde qu'une poularde traditionnelle. Elle est assez charnue pour nourrir 6 personnes.

préparation
30 minutes

cuisson
2 h 15

ingrédients
pour 6 personnes

- 4 fenouils
- 3 carottes blanches ou noires
- ½ céleri-rave
- 3 choux-raves
- 1 poularde du Patis
- 1 citron
- 3 cuillerées à soupe d'huile d'olive
- sel et poivre

1 Nettoyez les fenouils et coupez-les en quatre. Pelez les carottes et coupez-les en 3 tronçons. Pelez le céleri-rave et coupez-le en 6 morceaux. Pelez les choux-raves et coupez-les en deux.

2 Posez la poularde du Patis sur le plan de travail ; salez et poivrez bien l'intérieur. Coupez le citron en deux et mettez une moitié à l'intérieur de la volaille. Ficelez la poularde avec de la ficelle de cuisine.

3 Mettez la volaille dans un grand plat allant au four et entourez-la avec les légumes et le ½ citron restant. Arrosez les légumes d'huile d'olive. Salez et poivrez les légumes.

4 Faites cuire la poularde au four à 130 °C (th. 4-5) pendant 2 h 15 en arrosant souvent la viande et les légumes.

Poularde du Patis farcie aux foies de volaille

Une farce originale qui mettra en valeur les saveurs de la poularde.

préparation
30 minutes

cuisson
2 h 15

ingrédients
pour 4 personnes

- 200 g de poitrine de porc
- 200 g de collier de veau
- 200 g de foies de volaille
- 1 poularde du Patis
- 2 échalotes
- 8 brins de persil
- 20 g de morilles séchées
- 1 œuf
- 3 cuillerées à soupe d'huile d'olive
- sel et poivre

1 Faites hacher les 3 viandes de la farce (poitrine de porc, collier de veau, foies de volaille) par votre boucher ; si vous avez un hachoir faites-les passer par la grosse grille.

2 Sortez la poularde du réfrigérateur 2 heures avant de la farcir.

3 Mettez les viandes hachées dans un saladier et gardez-les à température ambiante.

4 Épluchez et hachez les échalotes. Ciselez finement le persil en laissant un peu de queue. Ajoutez ces deux ingrédients à la viande. Salez et poivrez généreusement.

5 Laissez gonfler les morilles dans un bol d'eau chaude pendant 30 minutes. Rincez-les, hachez-les au couteau, puis ajoutez-les à la viande ainsi que l'œuf battu ; mélangez longuement.

6 Farcissez l'intérieur de la poularde puis ficelez-la avec de la ficelle de cuisine.

7 Placez la poularde dans un plat allant au four arrosée de l'huile d'olive et 3 cuillerées à soupe d'eau et faites-la cuire à 130 °C (th. 4-5) pendant 2 heures en l'arrosant de temps en temps.

8 Servez la volaille découpée, accompagnée de sa farce et de petites pommes de terre.

Index

Remerciements

Je tiens à remercier toute les équipes des boucheries Desnoyer.
Et plus particulièrement Chris, mon associée, sans qui l'aventure
n'aurait jamais été ce qu'elle est devenue !
Et spéciale dédicace à toute l'équipe de Copyright qui fait un travail exceptionnel !

Conçu et réalisé par Copyright pour les Éditions First

Conception graphique : Stéphanie Boulaye
Mise en page : Zarko Telebak
Secrétariat d'édition : Sophie Greloux
Photogravure : Peggy Huynh-Quan-Suu
Fabrication : Cédric Delsart et Stéphanie Parlange